REBELLA BEX

Du hast dein Leben in der Hand

Persönliche
Transformation in
drei einfachen Schritten

IRISIANA

DANKE

Meinen Kindern Lucilia Sue und Marlon Sky gewidmet.
Mein liebevollster Dank gilt Timo, der mich in vielerlei Hinsicht motiviert und inspiriert hat, ich selbst zu sein und mein Leben in die Hand zu nehmen.

Inhalt

EINFÜHRUNG

Liebe Schwester,

ich nenne dich, liebe Leserin, nicht nur munter phrasendreschend, Schwester. Für mich ist diese Bezeichnung heilig, denn ich habe im Laufe meines Lebens erfahren dürfen, dass wir Frauen alle Schwestern sind. Wenn ich Frauen Schwestern nenne, fühle ich mich mit ihnen sehr verbunden. Auch wenn wir uns oft genug bekämpfen, uns vergleichen und uns als Konkurrentinnen sehen. Ob wir uns ähnlich sind oder nicht, ob wir uns im Moment gut leiden können oder nicht, ob wir gleich alt sind oder zwischen uns ein großer Altersunterschied besteht. Ob wir glücklich in einer Beziehung oder gerade Single sind, das alles spielt keine wirkliche Rolle. Wir alle empfinden immer wieder Schmerzen, Angst und Wut. Wir alle leiden, wir trauern, wir haben Freude, wir haben Konflikte und Probleme. Und wir alle haben die unglaublich kraftvolle Eigenschaft, einander zu halten und uns im tiefsten Leid und in der größten Freude mit großer Gunst und Wohlwollen zu begegnen und Anteil am Leben der anderen zu nehmen. Wir können einander unterstützen, uns trösten, uns umarmen und uns gegenseitig aufrichten, wenn wir gefallen sind.

Diese weibliche Kraft strömt in uns und sie ist es auch, die uns so sinnlich macht, uns Wärme und Sanftheit schenkt. Es ist die Kraft, die in der Lage ist, Herzen zu öffnen. Es ist die wunderbare empfangende und Liebe gebärende weibliche Energie in uns. Wir sind so voller Liebe! Und wir versuchen, sie zurückzuhalten, zu horten, sie uns einzuteilen, um uns vor Verletzung zu schützen. Doch so geht das nicht mit der Liebe. Die Energie der Liebe will fließen, sich entfalten, blühen und alle anderen befruchten und zum Blühen bringen.

Das Einzige, das uns von einem Leben in Liebe abhält, ist Angst. Ja, unbändige Angst, die wir uns meist nicht eingestehen wollen, weil wir Angst vor der Angst haben. Das macht uns noch mehr Angst. Angst vor unserer eigenen Größe, vor unserer besten Version, vor unserem Licht, den Gaben, Talenten und Fähigkeiten, die uns das Universum in die Wiege gelegt hat. Diese gilt es zu entdecken.

> *Zu guter Letzt stehst du da, blickst zurück*
> *und fühlst all das Glück und jene unbändige Liebe,*
> *die immer da war und immer da sein wird,*
> *solange du selbst dich nicht verlässt*
> *und deinen Werten treu bleibst.*

Hinweis
Die kursiv gesetzten Zitate stammen, sofern nicht anders angegeben, von Rebella.

Achtung, Ohren gespitzt!

SNAP! ist, mit deiner Hilfe, eine einfache Technik, um dein Herz zu öffnen, zu weiten und deine sorgfältig zementierte Lebensgeschichte mit Rissen zu versehen. Du hast somit Tag für Tag die Möglichkeit, dir gewissermaßen selbst das Licht anzuknipsen oder, besser gesagt: anzuschnipsen! Wage dich hinaus aus der Bequemlichkeit deiner Grenzen, auf unsicheres Terrain, so kannst du der Welt geben, was du am besten kannst und wofür du hier bist.

Du darfst SNAP! zum Praktizieren und Inspiriertsein nutzen, damit das, was du so sehr an dir liebst, noch mehr Aufmerksamkeit und Energie bekommt und seinen Weg in die Welt und in die Herzen anderer Menschen findet. Wenn du den Sinn und Zweck deines Lebens wissen willst, hier ist er: die Verbindung mit deiner Seele und ihre Größe zu leben. SNAP! dient dir dazu, dich vollkommen zu akzeptieren und zu lieben, mitsamt deiner Bedürftigkeit, allen Ängsten und Aggressionen, deiner Trauer, deinen Zweifeln und Schwächen.

Zum praktischen Üben gedacht

Lies dieses Buch und wende es an, stelle dich deinen Ängsten, der Aggression, der Wut, der Traurigkeit und den Selbstzweifeln und zeige dich in voller Größe und im Vollbesitz deiner weiblichen Würde. Dieses Buch gehört nicht auf den Stapel verkopfter Bücher, die die Erweckung deiner Seelenkraft noch weiter hinausschieben. Es wird dir kein Plus an Energie schenken, wenn du spirituelles Wissen nur konsumieren und nicht praktizieren willst. Wenn du weiter daran glauben willst, dass die Rettung nicht von dir, sondern von außen, von anderen Menschen, Institutionen oder Ideologien kommt. Wenn du glaubst, dass du durch Ruhm, Anerkennung, Wertschätzung, Besitztümer, Wissen und viel Geld weniger Negativität, Angst und Wut hast, wirst du dich bis ans Ende deines Lebens vom Gegenteil überzeugen.

Alles in diesem und vielen anderen Leben vorher dient dir dazu, die noch im Dunklen liegenden Teile deiner Seele zu erwecken. Wie wir alle wirst du zu Beginn deiner langen Reise nach weltlichem Erfolg streben und deiner Persönlichkeit große Bedeutung und Macht verleihen wollen. Du hast gewiss schon unendlich viele Erfahrungen mit deinem großen Ego gemacht. Doch irgendwann, wenn du genug gehört, gesehen, gefühlt, geschmeckt und gerochen hast, wirst du dich über dich selbst erheben, dich dem Unsichtbaren widmen und dich nach universellen Gesetzen sehnen, die dich an die Macht und Größe deiner Seele erinnern.

Finde deinen Weg

Du bestimmst, wie es läuft, und es stimmt, bis es nicht mehr für dich stimmt. So oder so oder anders und verkehrt herum und noch einmal von vorn. Du hast einen freien Willen und du hast die Macht, die Route deiner Reise selbst zu bestimmen. Egal, wie viele Runden du dabei auch drehen musst: Umwege über deine Konflikte erhöhen die Selbsterkenntnis, doch das Ziel ist dir sicher. Finde deinen Weg in die Liebe und beschenke dich mit großer Ehrfurcht vor deinem Leben. Wenn du mich fragst, wie lange du SNAP! dafür anwenden musst, so antworte ich dir mit einem Augenzwinkern: nur ganz kurz oder so lange, bis du keine negativen Gedanken und Gefühle mehr hast. Für positive Veränderungen deines Weltbildes übernimmt die Autorin keine Haftung. Denn du bist es ja, die die Richtung und die Geschwindigkeit bestimmt. Doch die Autorin freut sich tierisch, wenn du damit die Liebe und Einzigartigkeit deiner Seele in die Welt trägst.

Keep it simple, wild and holy!

Warum schreibe ich dir ein Buch?

Nichts auf der Welt kann einer Frau so viel Mut machen, ihr so viel Kraft geben, nichts ist fähig, sie in ihrem Schmerz so zu unterstützen wie eine andere, ihr wohlgesonnene Frau. Es gibt nichts, das eine Frau so sehr ermutigen kann wie die Liebe, das Verständnis und der Zuspruch einer anderen bewusst lebenden Frau. Wir alle haben nun die Chance, die Frau zu sein, die wir uns immer als Freundin, Schwester, Tochter oder Mutter gewünscht haben. Wir dürfen uns jetzt die Zeit nehmen, unsere Haltung und somit unser eigenes Verhalten zu ändern und andere Frauen in ihrer Tiefe kennenzulernen, statt oberflächlich zu urteilen und zu vergleichen. So, wie wir Frauen sind, dürfen wir wieder sein: verbindend, liebevoll, hochintuitiv, zärtlich, gebend, weich, empfangend, spirituell und ja, frei, unabhängig, wertvoll und so unerhört ungezähmt, weise und heilig.

Dieses Buch wird dir – wortwörtlich – etwas an die Hand geben, diese Haltung zu bewahren; es wird dich ermutigen, echt zu sein und dich mehr um dich selbst zu kümmern, zu dir und deinen Macken zu stehen, bei dir zu bleiben, dich selbst zu verwirklichen und dich nie mehr zu verlassen. Es wird dir zeigen und dich lehren, wie du ganz bewusst und mit voller Absicht negative Gedanken und Gefühle transformieren und somit die eigenen Schwingungen in Harmonie bringen kannst. Es ist eine große Chance, die Zeit zu nutzen, die wir hier auf Erden haben, täglich die Liebe in unserem Herzen zu leben, um somit auch andere Frauen und Mitmenschen zu stärken und zugleich das kollektive Bewusstsein. Was du in diesem Buch findest, ist eine einfache und effektive spirituelle Praxis, um dein Energiefeld im Alltag zu stärken – und zwar mit einem Fingerschnippen: SNAP!

Ein wichtiger Hinweis

Es kann sein, dass ich dich mit der Art und Weise, wie ich schreibe, manchmal herausfordere, dich provoziere, verwirre, ängstige, überrasche oder sogar wütend mache. Achte darauf, was du fühlst! Manchmal schreibe ich aus meiner sehr persönlichen Sicht und meinen Erfahrungen heraus und ein andermal mit Zugang zu meiner inneren Weisheit. Immer wenn ich dich anspreche, spreche ich gleichzeitig mit mir selbst. Einige Seiten bedienen deinen logischen Verstand mit seinem Intellekt. Doch die meisten Texte sprechen dir direkt in dein Herz, was deinem Verstand mitsamt dem Ego und deiner Logik nicht immer gefällt und zu Wut und Ärger führen kann. Das ist von meiner Seele ganz bewusst so gewählt worden. Ich möchte dich einladen, mit dem Herzen und zwischen den Zeilen zu lesen, mehr zu fühlen und weniger zu denken. Wenn du etwas nicht begreifen kannst, lass deinen Intellekt los und atme in dein Herz. Fühle. Lege das Buch beiseite und fühle, was du gerade fühlst. Fühle es ganz! Ich habe dieses Buch nicht für deinen Verstand geschrieben, sondern für dein sanftmütiges Herz und deine unsterbliche Seele.

Du bist mehr, als du dir je vorstellen kannst, und durch ein Leben in der Liebe wird alles möglich. Es gibt genug Bücher für den Kopf, für das Ego und weltlichen Erfolg. Dieses hier ist den Schätzen in deinem Himmel gewidmet. Ich möchte dich ermutigen, deine Größe mit ihren Begabungen und Talenten zu erkennen, zu leben und dir Schätze im Himmel zu sammeln.

> *»Sammelt aber Schätze im Himmel,*
> *wo sie weder Motten noch Rost fressen*
> *und wo die Diebe nicht einbrechen und stehlen.*
> *Denn wo der Schatz ist,*
> *da ist auch dein Herz.«*
> Matthäus 6, Verse 20 und 21

Mit SNAP! in deine spirituelle Kraft

Die Rolle, die uns Frauen vor Jahrhunderten zugeteilt wurde, gefällt uns schon lange nicht mehr. Sie wandelt sich gerade von der Unterdrückung durch das männliche Prinzip zur natürlichen Balance der weiblichen und männlichen Kräfte. Das löst bei beiden Geschlechtern gleichermaßen starke Ängste, Ablehnung und Widerstände aus. Mit diesen haben wir besonders im Alltag zu kämpfen. Ein Kampf, den wir immer verlieren und der uns in die tiefsten Existenzängste katapultieren kann, wenn wir unsere Lebenssituation nur mit dem Verstand analysieren und nicht beginnen, mit Herz und Seele zu handeln. Wenn wir uns also immer wieder unsere alten Geschichten erzählen, wie schlecht unsere Vergangenheit war, wenn wir dort, weit zurück, in alten Geschichten hängen bleiben, dann hat das eine lähmende Wirkung auf die Schaffenskraft und somit auf die Zukunft und die Erfüllung vieler unserer Lebensträume und Ziele. Wir erlauben uns dann nämlich nicht, überhaupt welche zu haben. Finde die Ziele deines Herzens! Sie sind deine Seelenaufgabe. Beginne dort, wo du bist, und so, wie du bist. SNAP! holt dich dort ab, wo du gerade stehst; umarme deine Gefühle herzlich zur Begrüßung. Wertvolle Freundin, ich habe dir nichts zu vergeben. Alles, was war, ist so geschehen, und wir machen nun das Beste aus unserem Leben. Weil wir es wollen. Nicht mehr, aber auch nicht weniger.

In der Vergangenheit war vielleicht Trennung, da war Verlust, da war Scham, da war Abhängigkeit und Bedürftigkeit. Da war Kampf, da war Sucht, da war Drama, Baby, ohne Ende Drama. Wir haben uns bei jeder Kleinigkeit selbst und gegenseitig fertiggemacht und uns permanent über alles Mögliche aufgeregt. Da war nicht genug, da war zu wenig, da war kein Wert und da war die Angst. Die unausgesprochene, verratene und verdrängte Wahrheit ist: Wir sind es selbst, die die negativen Geschichten lebendig halten, indem wir unsere negativen Erfahrungen durch unser Leben tragen wie einen prall gefüllten Sack mit Jahrzehnten an emotionalem Gepäck! Was für eine Last! Es wird Zeit, meine Liebe, diesen Sack zu würdigen und ihn in aller Ehrfurcht vor dem Gelernten weit hinter dir plumpsen zu lassen. Du brauchst ihn nicht mehr länger mit dir herumzuschleppen. Würdige und segne, was du gelernt hast, und dann lass ihn fallen wie eine heiße Kartoffel. Hosianna!

Die Wahrheit ist deine Reaktion auf das, was dir passiert

Die Vergangenheit ist vorbei, und doch haben wir diese Erfahrungen zu dem Bild gemacht, das wir heute von uns haben. Was wäre, wenn wir uns plötzlich an all diese Gefühle von damals nicht mehr erinnerten, an alle Geschichten, die wir mit Menschen erlebt haben? Mit den Eltern, Verwandten, völlig Fremden, Bekannten, guten Freunden, Liebespartnern, Ehemann und Kindern? Was wäre, wenn wir kein Bild mehr aus der Vergangenheit von uns hätten? Oder wie wäre es, wenn wir all diese Gedanken und Gefühle aus der Vergangenheit bewusst bearbeiten, neutralisieren und in positive Energie umwandeln könnten? Wer wären wir jetzt, ohne unsere Bilder und unsere Geschichten aus der Vergangenheit? Wer könnten wir sein? Was könnten wir alles tun ohne diese Angst, dass wir so manche Erfahrung noch einmal erleben?

Wir identifizieren uns so sehr mit dem, was uns widerfahren ist, dass die Person, die wir geworden sind, der Seele, die wir wirklich sind, im Weg steht. Klingt kompliziert? Ist es aber nur, weil wir das, was wir erlebt haben, viel zu oft negativ bewertet haben und uns dadurch nicht wert genug fühlen. Durch unsere negativen Bewertungen ist irgendwo in uns ein tiefer Riss entstanden. Wir vergessen jedoch dabei, dass durch diesen Riss das Licht der Selbsterkenntnis in unsere Herzen hineingelangt ist. »Das hätte nicht geschehen dürfen«, sagen wir. »Das hätte er, sie, es anders machen müssen«, denken wir. »Das hat mich geprägt«, behaupten wir. Das hat mich zu dem Menschen gemacht, der ich heute bin, sagen wir. Wie oft blicken wir zurück und denken: »Wie dumm war ich eigentlich damals? Warum hab ich das gemacht? Heute würde ich das nicht mehr tun oder mir gefallen lassen.« Und ja, manchmal geschah uns wirklich großes Unrecht, Missbrauch oder Gewalt. Diese Traumata lassen wir nicht los, das Unglück klebt vielleicht an uns wie das Pech an der Marie und in vielen Situationen reagieren wir so, als wäre diese Vergangenheit immer noch täglich voll aktiv. Obwohl es bereits viele Jahre her ist und wir es doch am liebsten vergessen wollen. Das ist unsere Programmierung bis heute, inklusive der Bilder, der Gefühle und der Gedanken von damals.

Lass los, Schwester. Lass los, es ist vorbei und dient dir nicht mehr. Atme voll und tief in dein Herz hinein und lass dich lieben. Dein starkes, gepanzertes Herz. Sei wieder verletzbar, werde weich, sanft, warm und offen. Deine Seele flüstert: »Ich liebe dich!«

> *»Weil du gekommen bist, dein Bild zu holen,*
> *und besser bist als alle deine Bilder.*
> *Weil du vom Kopf bis zur Seele schön bist.*
> *Weil du von der Seele bis zu mir gut bist.*
> *Weil du dich süß hinter dem Stolz verbirgst,*
> *klein und süß. Gepanzertes Herz!*
> *Weil du mein bist. Weil du nicht mein bist.*
> *Ich muss dich lieben, Geliebte!*
> *Ich muss dich lieben,*
> *auch wenn mich diese Wunde doppelt schmerzt.*
> *Auch wenn ich mich suche und nicht finde*
> *und auch wenn die Nacht vergeht*
> *und ich dich habe und nicht habe.«*
> Mario Benedetti

SNAP! Dein Erfolgsseminar mit dir selbst

Die SNAP!-Technik habe ich das erste Mal an einem Nachmittag am Starnberger See als Hilfe zur Selbsthilfe für eine liebe Freundin aus München aufgeschrieben. Ich hatte mich mit Claudia verabredet, die öfter zu Besuch aus München zu mir ins Outback kommt. Wir trafen uns an einem wunderschönen sonnigen Spätsommertag zu einem herrlichen Spaziergang am See und plauderten über das Leben. Wir sprachen darüber, wie wichtig es für die eigene Kraft und Klarheit ist, sich nicht von den eigenen Gedanken und Gefühlen in einen negativen Zustand und in den Sog einer Abwärtsspirale hinunterziehen zu lassen. Dieser negative Energiezustand kann tagelang anhalten, und wir werden träge, kriegen nichts auf die Reihe und sind voller Wut, Zweifel, Ängste und Sorgen. Claudia erzählte mir von einem Konflikt, den sie mit ihrer Mutter hatte, und ich hörte ihr aufmerksam zu. Sie erzählte, dass es für sie so schwer war, aus diesen negativen Gedanken und Gefühlen herauszukommen, und wie anstrengend diese Abstürze in die Wut doch immer wieder sind. Warum ist es so schwer, Ruhe zu bewahren? Wie kann man sich in einen guten Zustand bringen oder, anders ausgedrückt, in einer positiven Energie halten? Warum haben wir alle so viel Angst und Wut? Ich hörte ihr eine ganze Weile lang zu, und plötzlich hatte ich einen Geistesblitz. Ich entdeckte, dass in Konfliktsituationen mit Menschen das größte Potenzial für spirituelles Wachstum liegt. Mithilfe des freien Willens ist jeder Mensch in der Lage, seine negativen Gedanken und Gefühle zu erkennen, sie anzunehmen und sich in Verbindung mit dem positivsten Aspekt seines Selbst, der Seele, zu bringen. Aus dieser Verbindung heraus ist es möglich, Ruhe, Liebe und Frieden in die eigenen Handlungen und in das eigene Verhalten zu integrieren. Anstatt in den Widerstand mit dem zu gehen, was gerade passiert, lernt man, in seiner Größe zu sein und mit Akzeptanz die eigene Negativität zu transformieren.

Eine Methode wird geboren

Ich schnippte mit den Fingern. Alles, was ich in den vergangenen 50 Jahren meiner spirituellen Entwicklung gelernt, verinnerlicht und getan hatte, formte sich gerade wie von selbst zu einem Puzzle zusammen. Jedes kleinste Teilchen passte zum anderen und ergab plötzlich einen Sinn. Sämtliche Informationen und Erfahrungen in mir verschmolzen miteinander zu einem soeben fertiggestellten Bild. Ich erklärte Claudia die SNAP!-Methode. Ohne dass ich darüber nachdenken konnte, sprudelte es aus meinem Mund heraus. Ich war selbst ganz verwundert, wie präzise, klar und ausgeklügelt die Methode in mein Bewusstsein schoss – SNAP! wurde mit Leichtigkeit, Inspiration und Freude geboren. Doch den Weg bis zu diesem Moment bin ich gerannt, gestolpert, gefallen und auch wieder aufgestanden. Ich habe mich verlaufen, bin rückwärts gegangen und anschließend den ganzen Weg noch einmal von vorn.

Aus der Seele aufs Papier

Claudia saß mit offenem Mund und weit geöffneten Augen da und sagte dann: »Oh, das hört sich wunderbar an, wenn ich das bloß neulich schon gewusst hätte. Das musst du mir unbedingt aufschreiben!« Gesagt, getan. Als ich eine Stunde später an meinem Schreibtisch saß, schrieb ich die ersten 15 Seiten über die Methode samt dem Namen SNAP! auf, so, als würde sie mir ein unsichtbares Wesen diktieren. Ich dachte keine Sekunde darüber nach, was ich da schrieb. Ich schrieb einfach aus meiner Seele heraus. Ich war vollkommen von Freude und Inspiration erfüllt. Mit ungeheurer Selbstverständlichkeit floss es über meine Finger in den Laptop. Mir war sofort bewusst, dass ich nur das kleine Bächlein bin, das die Information von der Quelle ins Landesinnere transportiert. In der Verbundenheit mit der Seele sind wir alle die feinen Kanäle der Quelle. Mit zunehmendem Bewusstsein verschaffen wir uns den Zugang zur inneren Weisheit unserer unsterblichen Seele.

Geistige Sturzgeburt

So kann man SNAP! als geistige Sturzgeburt bezeichnen. Die Methode kam auf die Welt, als ich mein Bewusstsein weit genug entwickelt hatte, um mir Zugang zu meiner inneren Weisheit zu verschaffen und meinem tiefsten Wesen absolut zu vertrauen, meiner Seele. Ich erlaube mir, meine Potenziale zu aktivieren und mit diesem Buch Lösungen anzubieten, und ich habe den Mut, sie hier mit dieser Methode und ihrer Technik zu äußern.

Ich bin an einem Punkt in meinem Leben angelangt, an dem ich meine negativen Gedanken und Gefühle vollkommen WACH, also im höchsten Maße bewusst, erlebe. Ich spüre, dass ich nicht nur Negativität – meine eigene ebenso wie die meiner Mitmenschen – positiv beeinflussen kann; ich kann zudem auch frei wählen, in welcher Energie ich auf sie reagiere. Ich kann lernen, mit einem klaren Geist zu entscheiden. Nicht in einem negativen, sondern in einem positiven Energiezustand. Ich hatte wohl irgendwann genug von den dunklen Wellen, die wie in einem sturmgepeitschten Ozean über mich hinwegrollten, mich immer wieder mit sich rissen und meine Lebensfreude auf ein Minimum absinken ließen. Die negative Denkweise und die destruktiven Seinszustände, in die ich geriet, führten immer wieder zu Konflikten mit anderen Menschen und vor allem mit mir selbst. Ich fragte mich, warum ich nach all der intensiven spirituellen Arbeit in Seminaren und Workshops sowie der jahrelangen Yogapraxis immer noch so viel Wut, Ärger, Überheblichkeit, Enttäuschung, Traurigkeit und Angst in den alltäglichen Lebenssituationen in mir spüren konnte.

Wenn wir unsere Seelenkräfte aktivieren, lernen wir, die Negativität, die wir an der Welt und an anderen Menschen kritisieren, in uns selbst zu erkennen. Mit einem klaren Geist beginnen wir Menschen zu verstehen, dass wir selbst unsere Retter sind, indem wir uns mit der Seele sowie dem göttlichen Bewusstsein (der inneren Weisheit) verbinden und unsere Werte mit mehr Intensität in unsere täglichen Handlungen bringen.

Mit SNAP! die Flügel ausbreiten

SNAP! steht für »Sofort – Neutral – Aktiv – Präsent« und ist eine neurolinguistische Selbsthypnose- und Meditationstechnik für mutige Frauen, die ihr Leben – wortwörtlich – in die eigene Hand nehmen wollen.

Mit SNAP! schaffst du mehr Klarheit hinsichtlich dessen, was du wirklich willst, und erlangst Freiheit von der Programmierung der Vergangenheit. Mit der täglichen Anwendung und Übung von SNAP! nimmst du das Absinken deiner Stimmung wahr und damit den Verlust deiner Energie, deiner Macht und Kraft. Du reagierst auf die Umstände aus einer höheren Perspektive, als eine große Person. Du »gehst« in deine Größe und nimmst Verbindung zur höchsten Energie – Liebe – in dir auf. Du verschaffst dir Zugang zu deiner inneren Weisheit. Auf diese Weise bist du die Ursache und die Wirkung für eine höhere Schwingungsfrequenz, und das bringt Frieden, Freiheit und bedingungslose Liebe in die Welt. Schritt für Schritt. Du erhebst dich Grad um Grad auf der Skala zwischen den Polaritäten von Angst und Liebe.

Bei dieser Methode geht es um nichts anderes als um die Umwandlung von Ohnmacht in Macht. SNAP! ist die bewusste, aktive Umwandlung von unbewussten Handlungen in bewusste Handlungen. Von Negativität in Positivität, von Verwirrung in Klarheit, von Angst in Liebe und von Abhängigkeit in die Eigenverantwortung. Es geht vor allem darum, im Hier und Jetzt und angesichts der Herausforderungen des Lebens WACH zu sein und aus dem Erwachen heraus kontinuierlich zu mehr Bewusstsein zu gelangen. Mit voller Absicht aus dem gegenwärtigen Moment heraus in einen höheren Zustand (State) zu finden und von dort aus zu reagieren oder bewusste Entscheidungen zu treffen.

SNAP! ist eine Methode, mit deren Hilfe wir uns an die geistigen Fähigkeiten in unserem wahren Selbst erinnern und mit der wir unsere Geisteskräfte aktivieren und wieder benutzen können. Dein freier Wille hat die Macht, die Verbindung mit der Seele zu wählen. Du hast die Wahl, und deine Wahl ist immer gültig:

ZEIG DER WELT DEINE SEELE!

SNAP! steht für: Sofort – Neutral – Aktiv – Präsent
Neurolinguistische Selbst-Hypnose- und Meditationstechnik für alle
(**Neuro** – Nervensystem, **Linguistisch** – Sprache,
Hypnose – tiefenentspannter Wachzustand)

»Snap« heißt übersetzt: »mit den Fingern schnippen«
und erinnert an den Musik-Hit von 1990 der Frankfurter Dance Gruppe SNAP!
mit dem Titel »The Power«

Kapitel 1

ES GEHT UM DEINE ENERGIE

Der Alltag ist unser aller Super-Duper-Bewusstseinsseminar im Retreat-Center namens Leben. So viele perfekt auf dich zugeschnittene Incentive-Workshops in Folge kann man nirgendwo buchen, und das auch noch kostenlos. Es sind die üblichen Verdächtigen, die uns wortwörtlich auf Herz und Seele prüfen, jene Menschen also, die sich täglich in unserem Umfeld befinden. Sie sind unsere Lehrer und sie unterrichten uns im Fach Liebe.

DIE MACHT DES EGO

Niemals fiel es den Menschen leichter als heute, sich groß zu reden, sich selbst zu beweihräuchern und vor anderen aufzuplustern. Wir können uns vor Millionen von Fans und Followern produzieren und mit unseren Zielen prahlen. Wir können uns zum CEO unseres »Existiert-nur-auf-dem Papier-Unternehmens« ernennen. Wir können großartige Neuigkeiten in den sozialen Netzwerken verkünden und in den Glückwünschen und Meinungen baden, mit denen wir überschüttet werden. Nur um wem zu gefallen? Nein, nicht um den anderen Menschen zu gefallen, sondern um unserem Ego zu schmeicheln.

Wir können uns genauso gut für die letzte Tussi halten, nichts gebacken kriegen und uns ständig kritisieren, unser Selbstwertgefühl in den Keller schrauben und uns in den Selbstmord treiben. Und wer hat wieder seine Hände im Spiel? Correctomundo! Das Ego.

Bis zu dem Tag, an dem wir uns bewusst werden, dass wir ein Ego haben, hat das Ego die Macht über uns, weil wir nichts anderes zu kennen scheinen. Wenn das Ego sagt: »Spring aus dem Fenster«, springen wir aus dem Fenster. Wenn das Ego sagt: »Du musst erst Millionärin, Skinny Model, eine gute Mutter, die perfekte Ehefrau oder berühmt sein, bis ich dich liebe«, rennen wir los und versuchen, das entsprechende Geld zu verdienen, nur noch Selleriestangen zu essen, die Kinder zu bespaßen, den Ehemann zu bauchpinseln oder jeden Tag ein Selfie auf Instagram zu posten. Kurzum, wenn wir wachsen und uns verändern wollen und das Ego sagt: Das kannst du nicht, dann können wir das nicht.

Grundsätzlich behaupte ich: Wenn irgendetwas schiefläuft in deinem Leben, hat das Ego seine Finger im Spiel. Das Ego kann bedrohlich wirken, es sei denn, wir geben ihm einen neuen Namen: Egon.

Mein Egon hat Angst, denn er ist vom Aussterben bedroht

Jeder, der sich selbst eine Weile aufmerksam und ehrlich beobachtet, wird feststellen, dass er sich ein großes äußeres Bild von sich selbst gemacht hat. Der Wächter dieses Bildes ist das Ego. Es sorgt dafür, dass nichts an diesem Bild rüttelt, es in eine Schieflage oder sogar gänzlich zum Verschwinden bringt. Dieses äußere Bild gibt dem Ego Sicherheit, da es dadurch weiß, woran es glauben und festhalten kann. Es gibt ihm das Gefühl von Kontrolle. Kontrolle ist die stärkste Macht des Ego, und daher tut es alles, um das Bild zu beschützen und noch viel größer und schö-

ERKLÄRBOX: DAS EGO

Das Ego ist ein Teil deines Verstandes, der aus den Erfahrungen und Erlebnissen in deinem Leben eine Person erschafft, die du ICH nennst. Alles, was dir in deinem Leben widerfährt – Gutes wie Schlechtes, Erfolge und Misserfolge, Schmerz und Leid –, trägt zu der Geschichte bei, die dein Ego über dich erzählt. Und weil du bisher nichts anderes kennst als die Gedanken in deinem Kopf, glaubst du, dass das, was dein Ego dir erzählt, die Wahrheit über dich ist. Das Ego ist der ständige Kommentator in deinem Geist, der alles, was dir widerfährt, und alles, was du machst, beurteilt und bewertet. Und dabei ist das Ego meist nicht sehr freundlich und höflich. Das Ego ist keine eigene Persönlichkeit, es erschafft die Persönlichkeit, mit der du durch dein Leben gehst. Das Ego ist nichts anderes als eine Hirnfunktion, die aus den Informationen, die das Gehirn erhält – seien es Wahrnehmungen über die eigenen Sinnesorgane oder Gedanken, Erklärungen und Worte anderer Menschen –, ein logisches Welt- und Selbstbild konstruiert, wer du bist und wer du sein solltest. Das Ego kann jedoch keine Wahrheit generieren, sondern nur bestehende Informationen aus- und bewerten. Deshalb können wir uns auch in den Himmel und in die Hölle denken. Das Ego ist veränderbar, wechselhaft, einmal gut und einmal schlecht gelaunt. Manchmal feiert uns das Ego und manchmal will es uns umbringen. Und wir dürfen deshalb feststellen: Wir haben ein Ego, aber wir sind nicht das Ego. Wir sind mehr. Wir sind ein Mensch mit Ego und Seele. Das Ego ist eine Körperfunktion. Die Seele geht über unseren Körper hinaus.
Es gibt allerdings einige spannende Fragen: Hat das Ego recht mit der Geschichte, die es über dich erzählt? Beurteilt dich das Ego fair? Und woher weiß das Ego, was richtig und was falsch ist? Woher nimmt es eigentlich seinen strengen Bewertungsmaßstab, um dir zu erzählen, was du wieder alles falsch gemacht hast? Was du wieder alles nicht gemacht hast? Was du eigentlich tun solltest? Wie du eigentlich leben solltest? Darüber kannst du einmal in Ruhe nachdenken.

ner zu machen, als es in Wirklichkeit ist. Dieses Bild, das wir von uns haben, ist also ein wahres Kunstwerk: Wir wollen diesem Bild entsprechen, tun es aber meist nicht. Das Ego kreiert also ein falsches Selbstbild: Wir identifizieren uns vollkommen mit dem Körper und seinen Gedankenformen und halten dies für unser Selbst.

Wir glauben, dass wir dieser Körper, der einen Namen hat, sind, sein Geschlecht, das Alter, der Beruf. Wir haben Vorlieben und Abneigungen, und dies alles bildet unsere Persönlichkeit. Wir alle haben uns im Laufe des Lebens eine solch grandiose Persönlichkeit konstruiert. Im Namen der Realität haben wir ein falsches Bild um unser unsichtbares wahres Sein (Seele) geschaffen. Doch durch Veränderungsprozesse, inneres Wachstum und mehr Bewusstheit wird dieses künstliche Bild durchlässiger, wodurch unser wahres inneres Wesen wieder sichtbarer wird.

Erfinde dich neu

Meist sind es die Menschen um uns herum, die zuerst merken, dass wir uns positiv verändern, aber nicht selten triggert dies ihre eigenen Egos und Ängste. Wie oft haben wir das schon von unseren Eltern, Freunden oder Bekannten gehört: »Du bist verrückt, wenn du diesen gut bezahlten Job aufgibst.« – »Du bist verrückt, wenn du dich von einem so einflussreichen Mann trennst.« – »Du siehst viel zu dünn aus, warum willst du deine Ernährung umstellen?« Was wären wir ohne diese Bedenkenträger? Ja, es ist tatsächlich wahr, wenn wir uns verändern, werden wir verrückt. Wir selbst ver-rücken uns von dem gewohnten Bild, das andere oder wir selbst von uns haben. Veränderung bedeutet, etwas zu tun, das man noch nie oder noch nicht oft genug getan hat. Somit erfinden wir uns neu.

Da aber das Ego auf alle Fälle Sicherheit will, fällt uns Veränderung oft sehr schwer. Es will, dass alles so bleibt, wie es ist, und wenn es noch so absurd ist, weiter das zu tun, was schon längst keinen Sinn mehr ergibt. Ein großes Ego kreist um seine gewohnten Bedürfnisse und will sich nicht um andere kümmern. Es ist ein kleines egoistisches Ich, das nur seine eigenen Bedürfnisse erfüllt haben will und immer alles in ICH und DU, MEIN und DEIN spaltet und trennt. Wer in sein Ego fällt, begibt sich in die Niederungen seines Seins, und diese Seinszustände unterliegen der immerwährenden Evolution. Mit der Absicht der inneren Entfaltung und Selbstverwirklichung ist das Ego sozusagen der Tyrannosaurus rex in uns allen und daher ständig vom Aussterben bedroht.

Wollen wir etwas in unserem Leben verändern, darf uns zuvor bewusst geworden sein, dass uns das, was wir aus dem Ego und der Gewohnheit heraus tun, nicht mehr dient. Wir dürfen erkennen, was uns behindert oder blockiert, und diese Tatsache annehmen. Erst dann ist Veränderung wirklich sinnvoll, weckt den freien Willen und wird umgesetzt.

Erkennen wir das eigene Ego an und beobachten es aufmerksam, leisten wir keinen Widerstand mehr. Wir verstecken es nicht mehr unter diversen Masken und werden ruhiger und achtsamer und schaffen damit optimale Bedingungen, um das Ego zu reduzieren. Dabei helfen uns positive Gedanken, die positive Gefühle verursachen. Ja, wir können lernen, positiv zu sein.

Der große Meister Egon da Vinci

Es ist eine effektive Übung des Loslassens, wenn wir dem Ego ein Gesicht, eine Gestalt und einen Namen geben. Wer seinem Ego gegenüber freundlich gesinnt ist, kann es leichter loslassen. Zudem macht es großen Spaß, etwas so Ernsthaftes mit Humor und Spaß anzugehen. Auf diese Weise lieben wir unser Ego sofort k. o. Ich zum Beispiel nenne mein Ego liebevoll Egon. Egon ist ein Meister seines Fachs. Ein einen dicken Pinsel schwingender, weltbekannter Maler, der auf alles, was nicht in sein Bild passt, mit Angst, Überheblichkeit, Hohn und Wut reagiert. Weil das, was ihm nicht gefällt, in seinem Bild einfach nicht existiert. Er kennt nun mal nichts anderes als seine eigenen Bilder. »Ich bin nicht das!« oder »Ich bin nicht dies!« sagt er und trennt sich von jedem, der anders malt als er. Sein Bild ist sowieso viel schöner, größer, wahrer, wichtiger und realer als das aller anderen. Er vergisst sehr gern, dass er nur Bilder malt und dass er an die Geschichten glaubt, die diese Bilder erzählen.

> *»Je mehr eine Person reagiert,*
> *umso kleiner wird sie.«*
> Eckhart Tolle

Konflikte, bei denen unsere Egons unkontrolliert aufeinandertreffen, können dermaßen ausarten, dass wir blind vor Wut zurückschießen, nach Rache schreien, verletzen, angreifen und Dinge sagen, die wir viel früher in Ruhe hätten ansprechen können. Nicht jetzt, nicht so mit diesem überheblichen Gesichtsausdruck. So von oben herab. Aber jetzt sind wir empört. Wir lassen der Wut freien Lauf. Dieser Vorgang, ausgelöst durch negative Gedanken und Gefühle, führt uns in einen Energiezustand, der trennt, angreift und verurteilt und dementsprechende Wirkungen hat. Geschwister reden kein Wort mehr miteinander, Ehen werden geschieden, Freundinnen haben jahrelang nichts mehr miteinander zu tun und Geschäftspartnerinnen sehen sich vor Gericht.

Im Streit sind wir uns selten bewusst, was da gerade in uns vor sich geht. Unsere Unbewusstheit führt zu einer Kettenreaktion, einem Dominoeffekt, einem Vorgang von Ego-Impulsen, über die wir die Kontrolle verloren haben. Dieser Kontrollverlust löst Störfrequenzen und eine Negativität aus, derer sich die Betroffenen völlig unbewusst sind. Dieses Fallen in die Angst führt bei mangelndem Bewusstsein sozusagen ungebremst zu brutaler Gewalt. Die Betroffenen sind »blind vor Wut« und geraten in eine extrem niedrige und dunkle Energie. Im Extremfall geraten sie in einen geradezu dämonischen Geisteszustand.

Sind wir jedoch WACH, können wir jederzeit wieder die Kontrolle über unser Verhalten gewinnen, statt unserem Zorn blind ausgeliefert zu sein und uns nur abzureagieren. Wir benutzen Menschen als »Blitzableiter« für unsere negative Energie

(Wut, Angst) und hätten jederzeit die Macht, mit Verständnis, Mitgefühl und vor allem in Ruhe zu reagieren und unsere Sicht der Dinge klar zu äußern. Positive Energieströme verleihen uns Klarheit, und das ist die Macht, die wir im Inneren besitzen. Wir können mit Willenskraft bewusst wählen. Wählen wir jedoch negatives Verhalten, weil wir uns noch nicht im Griff haben, erzeugt und verstärkt das in anderen negative Gedanken und Gefühle, die wiederum zu negativem Verhalten führen. Eine wahre Abwärtsspirale, in die wir da hineingeraten. Ein Strudel, aus dem wir als bewusste Menschen, zunächst aus Liebe zu uns selbst, aussteigen dürfen. Wir kehren unserer Machtlosigkeit den Rücken und stellen uns der Bewusstheit zur Verfügung. Von Angesicht zu Angesicht sehen wir uns die Angst an, die hinter dem Ganzen steckt. Und hinter der Angst versteckt sich immer ein Gefühl der Machtlosigkeit.

Schmerz und Machtlosigkeit

Wenn wir großen Schmerz erfahren, leisten wir anfänglich Widerstand gegen das, was passiert. Der Schmerz ist einfach zu groß. Doch der Schmerz, den unser Widerstand verursacht, ist noch viel unerträglicher und macht das ganze Dilemma gewiss nicht leichter. In unserem Menschenleben können wir auf verschiedene Art und Weise Machtlosigkeit erleben. Es scheint uns dann, als wären wir dem Leben hoffnungslos ausgeliefert und hätten keinerlei Einfluss mehr auf das, was geschieht. In diesem Moment ist das auch so. Wir können nichts mehr an den Gegebenheiten ändern. Es gibt so viele Ereignisse, die uns das Leben erschweren und enorm belasten können.

Doch die Lebenssituationen, die uns Machtlosigkeit erfahren lassen, können uns auch erkennen lassen, wo wir wirklich mächtig sind. Ein Scheitern äußerer Macht ist notwendig, damit wir uns der inneren Macht bewusst werden, uns ihr zuwenden und uns an die Seele erinnern. Unsere spirituelle Verbindung zu einer höheren Weisheit, einer Quelle allen Seins.

Große Egos hören das natürlich nicht gern. Doch das Leben lehrt jeden Einzelnen von uns, wie es am besten ist; es treibt unsere Entwicklung immer weiter nach oben, und diese führt nicht selten zunächst in den Keller, abwärts, nach ganz unten. Wo es zappenduster ist, in eine Krise, die den Menschen auf weltlicher Ebene meist extrem machtlos macht. Natürlich ist das nicht – wir sind nicht geboren worden, um zu leiden, wir haben nur vergessen, dass wir wählen können. Wenn wir in Resonanz gehen müssen mit dem, was geschieht, werden wir im Laufe der Zeit vor eine Wahl gestellt. Irgendwann müssen wir das, was passiert ist, annehmen. Sonst spalten wir uns vom Hier und Jetzt ab, und in unserem Inneren entsteht ein Vakuum. Dieses Vakuum macht aus dem Herzraum einen Schmerzraum, und wir verlieren den Glauben an Gott oder die Liebe und verschließen unser Herz. Lass das nicht zu! »Never turn away from Love, Sailor!«, sprach die gute Fee in dem Film *Wild at Heart* zu Sailor. Ich fand das damals extrem kitschig, aber gleichzeitig kullerten kartoffeldicke Tränen über mein Gesicht. Die Seele kennt ihre Aufgaben, und ein Herz bricht an den ungewöhnlichsten Orten auf und wird wieder verletzbar. So ist es wieder offen, um das Licht der Liebe zu empfangen und zu geben.

Wir haben die Wahl

Wir nehmen das, was geschehen ist, an, ohne Wenn und Aber. Kein Jammern, kein Klagen, kein Verurteilen mehr. Wir leisten keinen Widerstand mehr, wir ergeben uns und geben den Kampf gegen die Realität auf. Das Annehmen dessen, was ist, ist wie ein Kopfsprung ins kalte Wasser! Und die Wirkung dieses Sprungs ist ausgesprochen heilsam: Wir werden sofort WACH. Uns wird unsere Machtlosigkeit bewusst. Vielleicht zum ersten Mal wird uns klar, dass unser Ego machtlos ist. Wir erkennen die »Programme«, die wir gegen diese Machtlosigkeit entwickelt haben. Shopping ist so ein Hauptprogramm. Eine Ansammlung von Gegenständen, die wir nicht wirklich brauchen, teure Autos, Taschen, Uhren, Klamotten und ein ständiger Hang zur Selbstdarstellung. Das Ego zu entlarven bedeutet: Wir erkennen, dass wir nur um die eigenen Bedürfnisse kreisen, um uns selbst das Gefühl zu vermitteln, sicher zu sein. Sicher vor dem Tod? Was für ein Irrtum!

Meinung, Akzeptanz und Urteil

Wir halten uns für spirituelle Wesen. Wir sind Menschen, die Yoga machen oder viel meditieren, auf schamanische Reisen gehen und bewusstseinserweiternde Seminare besuchen. Menschen, für die ein offenes Herz und eine »gute Energie« sehr wichtig sind. Zu vielen weltlichen Themen tun wir gern und öffentlich unsere Meinung kund. Wir legen vielleicht großen Wert darauf, für spirituell, liebevoll und reflektiert gehalten zu werden, und so teilen wir mit, was wir für gut und was wir für schlecht befinden. Doch eines sollten wir dabei nicht vergessen: dass es nur eine klitzekleine Meinung ist. Die Meinung von einem der 7,65 Milliarden Menschen auf diesem Planeten, der sich in einem klitzekleinen Sonnensystem in einem unendlich großen Multiversum befindet.

Fragst du dich auch manchmal, was an deiner Meinung verbindend, spirituell, reflektiert und liebevoll ist, wenn wir alle bei so vielen Gelegenheiten durch unsere Urteile und Meinungsgeigerei die Trennung von anderen Menschen und ihrem Dasein suchen?

Es geht selten um die anderen, die uns nur scheinbar wichtig sind und für die wir nur das Beste wollen. Im Wesentlichen wollen wir nur unsere eigenen Interessen wahren, und das Ego will vor allem eines: recht haben.

Ein egoistischer Mensch kann wirklich sehr leicht und permanent beleidigt sein in Bezug auf das, was andere Menschen alles so meinen, tun oder nicht tun. Er handelt aus der Angst heraus, die sich auf vielfältige Weise bemerkbar machen kann: Eifersucht, Zweifel, Neid, Wut und Konkurrenzdenken. Ein bewusster und mitfühlender Mensch hingegen hat erkannt, dass das, was andere tun, in den wenigsten Fällen mit ihm selbst zu tun hat.

Das Ego braucht tosenden Applaus für seine Meinung, dann erst fühlt es sich mit seinem Urteil richtig gut, schon bemerkt? Aber kaum kommt ein Mensch vorbei und sagt uns seine andere Meinung offen ins Gesicht, fallen wir tief in unser Ego-Loch, in unsere nie zu enden scheinende Rechthaberei. Unser Urteilen wirkt ebenso magnetisch und zieht Menschen an, die wiederum über uns urteilen. Auf diese Weise spüren wir am eigenen Leib, wie sich das anfühlt: ekelhaft! Schreib es auf deine »Not-to-do-list«, Schwester!

Selbstwert und Ego

Definieren wir wirklich noch unseren Selbstwert über andere Menschen und ihre Meinung? Vor allem über jene, die nur unserem Ego applaudieren? Wie die Geier kreisen wir um unsere Meinungen und lechzen nach Bestätigung. Es folgt das große Fressen: gemeinsames Verurteilen und Bewerten aller Andersdenkenden. Wie im alten Rom. Daumen hoch oder Daumen runter.

Wir können noch so viele spirituelle Workshops besuchen, uns yogisch verbiegen, schamanische Riten vollziehen und versuchen, uns mit Ayahuasca das Ego aus dem Leib zu kotzen – wenn wir nicht aus der Angst herausfinden, bleibt unser Herz für eine höhere Energie verschlossen. Wie eine Festung ist so manches Herz verschlossen, und das Ego ummauert es mit Stein. Vermutlich werden wir immer wieder in Konflikte kommen, die ein Teil unseres Lebens bleiben. Doch dein Drama, Baby, bleibt dein Drama! Wenn du es brauchst, wirst du es dir, in der Tat, selbst zum Geschenk machen. Du tust es, bis du es nicht mehr tust.

Taten anderer, die nichts mit uns zu tun haben, gehen uns nicht wirklich etwas an. Es sind nicht unsere Angelegenheiten. Das Handeln eines anderen Menschen ist so lange seine eigene Angelegenheit, bis es zu einer Ursache wird und droht, uns oder jemand anderem Schaden zuzufügen. Doch so weit kommt es selten, also kümmern wir uns besser um uns selbst. Um die eigenen offenen Baustellen. Wir übernehmen Eigenverantwortung.

Was fehlt dir?

Wir vermissen oft sehr viel bei anderen, zum Beispiel Mitgefühl. Gut! Nehmen wir dies zum Anlass und fragen wir uns: Wo fehlt es mir? Das geht uns etwas an. Was die anderen tun ändern zu wollen, ist bloß eine Ablenkung von uns selbst. Du selbst darfst Mitgefühl entwickeln, vielleicht für Menschen, die kein Mitgefühl haben, und du hast sofort etwas zum Besseren verändert.

Wie wär's, wenn wir endlich ändern würden, was wir wirklich ändern können, nämlich unsere Energie, unsere Sicht auf die Dinge, unsere Handlungsimpulse, unser Herz, unsere Themen – sprich: Kümmern wir uns doch endlich um uns selbst. Richten wir unseren Blick nach innen. Nicht die anderen müssen sich ändern oder verbessern, wir dürfen uns ändern und verbessern. Wir popeln doch auch nicht in fremden Nasen herum. Wenn wir schon so viel zu beanstanden haben, dann fangen wir am effektivsten bei uns selbst an. Denn damit hat jeder Mensch genug zu tun und kann sich jegliche Energie hinsichtlich dessen, was andere tun oder lassen, für das Erreichen der eigenen Werte, Ziele und Visionen sparen.

> *Sag mir nicht, was du in den Menschen vermisst,*
> *sag mir, was du in ihnen gefunden hast.*
> *So kann ich verstehen, wer du bist.*

Erzählen wir uns also bitte nicht mehr, was wir an anderen alles kritisieren und doof finden. Wir haben bereits genug gehört und gesehen und dürfen uns mit den eigenen Themen beschäftigen. So verbessern wir das, was wir wirklich verbessern können: das eigene Mindset, den eigenen Körper, die eigene Energie und somit die eigene Menschlichkeit. Erzählen wir uns also lieber, was wir durch andere Menschen gelernt und verinnerlicht haben, dann bekommen wir eine Ahnung davon, wer wir selbst wirklich sein wollen und wer wir in Zukunft sind. Wir entscheiden uns dann schneller, an welchen Dingen wir teilnehmen und an welchen besser nicht. Tun uns Menschen, Dinge oder Situationen auf Dauer nicht gut, dürfen wir uns davon befreien und die Entscheidung treffen, diese hinter uns zu lassen. Gelebte Spiritualität wird uns dazu dienen, unserer Intuition freien Lauf zu lassen, bessere Entscheidungen für unser Leben zu treffen und uns liebevoller um andere Menschen zu kümmern. Dazu gehört, dass wir ihre Meinung und das, was wir an ihnen vermissen, akzeptieren und aufhören, uns für den Mittelpunkt der Welt zu halten.

DIE MACHT EINER KLAREN ABSICHT

Es ist für uns nicht schwer zu verstehen, dass jeder Gedanke und jedes Gefühl in uns eine bestimmte Energie hervorrufen. Wütende Gedanken versetzen dich in eine wütende Energie. Zornige Gedanken hüllen dich in eine zornige Energie. Ängstliche Gedanken tauchen dich in eine ängstliche Energie. Und genauso führen dich liebevolle, mitfühlende und dankbare Gedanken und Gefühle in einen liebevollen, mitfühlenden und dankbaren Seinszustand.

Daher beschreibe ich Energie gern als Licht, das durch uns fließt. Nun möchte ich dich einladen, deinen Blick auf die Welt etwas zu erweitern und dich auf ein Bild einzulassen, das wir von uns und der Welt malen können.

Stell dir vor, durch dich fließt konstant ein Licht, eine Form von Energie, die dich lebendig hält. Ganz so abwegig ist die Vorstellung nicht, deckt sie sich doch mit zwei Fakten:

Fakt 1: Du bist lebendig.

Fakt 2: Du bist Energie: lebendige Schwingung, lebendiges Licht.

Zurück zu unserem Bild. Das Licht, das durch dein System fließt, ist die Energie des Universums, es ist das Licht des Universums (irgendwo muss es ja herkommen). Und du gibst diesem Licht eine Form. Was du fühlst und denkst, wie du dich verhältst, welche Werte du hast und wie du lebst – all das spiegelt die Art wider, in der du das Licht formst. Wenn du mutig genug und vor allem ehrlich bist, kannst du jetzt auch einen Blick in den Spiegel werfen. Was du siehst, ist das Ergebnis eines Umformungsprozesses von Energie. Von einer Energieform, die wir Nahrung nennen, in die Energieform, die wir Körper nennen.

Du bist das sicht- und fühlbare Ergebnis, die Form, die du dem Licht gegeben hast, das durch dich fließt. Diese Form spiegelt deine Persönlichkeit wider. Und noch mehr, diese Form spiegelt deine Absichten wider.

Jede Veränderung zeigt dir deine Absicht

Eine Absicht ist mehr als ein Wunsch. Eine Absicht beeinflusst deine Wahrnehmung, deinen Fokus und dein Handeln. Es ist also das eine, den Wunsch zu haben, andere Menschen liebevoller zu behandeln; etwas anderes ist es, eine klare Absicht zu haben, liebevoll zu sein.

Es ist die Ebene des Seins, aus der heraus wir handeln dürfen, nicht die Ebene des Intellekts. Während ein Wunsch nichts anderes ist als ein leeres Wort, richtet dein Seinszustand deinen Körper und deinen Verstand auf eine neue anzustrebende Absicht aus. Du wirst Gelegenheiten erkennen, liebevoll zu sein, und auch erkennen, wenn du alles andere als liebevoll bist. Du wirst auch in anderen viel mehr die Frequenz der Liebe erkennen oder vermissen. Deine Aufmerksamkeit ist durch eine klare Absicht geprägt, dein Verstand sucht die neue Gelegenheit, dein Körper die neue Tat. Ohne Absicht passiert gar nichts. Ohne Absicht bleibt heiße Luft und leeres Gelaber.

Folglich spiegelt jede Veränderung eine Absicht wider. Du kannst an der Veränderung die Absicht ablesen. Und du kannst an der Veränderung den Ursprung der Absicht ablesen. Stammt die Absicht aus deinem Ego oder stammt sie aus deiner Seele? Welche Absicht hast du im Moment? Wenn du widersprüchliche Absichten hast, wirst du zwischen diesen hin- und hergerissen werden, weil die Dynamik, die mit jeder Absicht verbunden ist, zu arbeiten beginnt, sodass ein Konflikt entsteht. Solange du dir nicht all deiner Absichten bewusst bist, wird die stärkste Absicht gewinnen. Vielleicht hast du einerseits die bewusste Absicht, dich gesünder zu ernähren, andererseits jedoch eine unbewusste Absicht, dich kleinzuhalten und zu sabotieren, weil das Ego Angst vor deiner wahren Größe hat. So wirst du widersprüchliches Verhalten an dir beobachten: Tage, an denen du dich vollwertig, frisch und vitaminreich ernährst, von kleinen Mengen satt wirst und jede Menge Energie hast, und Tage, an denen du billiges Fast Food in dich hineinstopfst, dich hemmungslos überfrisst und dich fühlst wie ein rollender Stein.

Dieses Beispiel aus dem Bereich der Ernährung steht für die vielen Kämpfe, die wir in uns selbst und mit anderen austragen. Ausgangspunkt ist immer die Tatsache, dass wir widersprüchliche Absichten in uns tragen. Das Ergebnis, die Form des Lichts, die wir hervorbringen, spiegelt die Absicht wider, die den Kampf gewonnen hat.

Die Erfahrung einer »seelenlosen« Persönlichkeit

Eine Persönlichkeit ohne Verbindung mit ihrer Seele kämpft permanent mit sich selbst und anderen. Eine Persönlichkeit, die sich ihrer eigenen Seele nicht bewusst ist, ist sich auch all ihrer Persönlichkeitsaspekte und Absichten nicht bewusst. Eine Persönlichkeit im Ego ohne Verbindung mit der Seele hat sehr viel Angst.

ERKLÄRBOX: PERSÖNLICHKEIT

Deine Persönlichkeit entwickelt sich im Laufe deines Lebens, sie ist der Avatar deiner Lebensreise. Du hast einen großen Einfluss auf deine Persönlichkeit. Du entscheidest, worauf deine Persönlichkeit aufbaut: auf die Geschichten deines Ego oder auf das Wissen deiner Seele. Der Energiezustand deiner Persönlichkeit hängt davon ab, in welchem Verhältnis Ego- und Seelenanteile zueinander stehen. Je mehr Ego-Anteile deine Persönlichkeit besitzt, desto niedriger ist dein Energiezustand und das dominierende Gefühl deiner Existenz ist Angst. Je mehr Seelenanteile deine Persönlichkeit besitzt, desto höher ist dein Energiefeld und das dominierende Gefühl deiner Existenz ist Liebe.

Vor allem das Ego in deiner Persönlichkeit fürchtet sich vor deiner Seele. Es fürchtet sich vor den liebevollen und göttlichen Aspekten deiner Seele, die das, was das Ego sucht, etwa weltliche Macht, Leistung, Gewohnheit, Bedeutung, Anerkennung, Wertschätzung, Erfolg und deinen Konsum, bedrohen.

Deshalb empfindet eine Persönlichkeit, die durch das Ego beherrscht wird, die Umstände innerhalb des eigenen Lebens mächtiger als sich selbst. Eine Persönlichkeit mit starkem Ego, die auf der einen Seite die bewusste Absicht hat, ihre Beziehung zu verbessern, und auf der anderen Seite stärkere unbewusste Absichten – zum Beispiel den Partner zu dominieren, ihn zu besitzen oder zu verurteilen –, wird nach dem Scheitern der Partnerschaft das Gefühl haben, dass sich die Dinge trotz aller Bemühungen, ja sogar trotz größter Anstrengungen nicht so entwickelt haben, wie sie beabsichtigt waren. Das ist nur die halbe Wahrheit. Die Dinge entwickeln sich genau so, wie es beabsichtigt war – doch weil mehrere Absichten miteinander in Widerspruch stehen, treten große Turbulenzen im Strom des Lichts auf.

Wenn sich die widersprüchlichen Absichten beinahe die Waage halten und wenn eine Persönlichkeit nicht bereit ist, zu erkennen, oder nicht fähig ist, zuzugeben, dass ein Aspekt oder Aspekte von ihr sich im Gegensatz zu ihrer bewussten Absicht befinden, so kommt es zu enormem Stress und emotionalem Schmerz. Dies kann sogar zu schizophrenen Zuständen und körperlichen Erkrankungen führen. Eine Persönlichkeit, die ihr Leben noch sehr stark durch das Ego regieren lässt, ist eine Persönlichkeit, die nach ihrer Seele sucht und die viele Teile ihrer Seele noch erwecken und das Ego damit heilen darf. In dem Maße, in dem wir erkennen, welche Absichten von unserem Ego gelebt werden wollen, bieten wir unserer Seele die Möglichkeit, diese Ego-Anteile zu heilen. Das sind wütende Anteile, nach Macht strebende Anteile, ängstliche Anteile. Ist es nicht eine schöne Vorstellung, dass genau die Ego-Anteile in dir groß werden, die deine Seele noch heilen will? Ist es nicht eine schöne Vorstellung, dass Ego und Seele zusammenarbeiten? Der eine trägt die noch zu heilenden Anteile in sich, die andere heilt diese Anteile. Das Einzige, das du als Persönlichkeit brauchst, die sowohl Ego- als auch Seelenanteile in sich trägt, ist ein Bewusstsein für diesen Weg deiner Seele und den Heilungsprozess durch und mit deiner Persönlichkeit.

Dein Bewusstsein formt deine Energie

Indem du dein Bewusstsein veränderst, veränderst du auch die Art und Weise, in der du das Licht formst, das durch dich hindurchfließt. Du tust das beispielsweise dann, wenn du dich mit einem negativen Verhaltensmuster wie Wut oder Ärger auseinandersetzt und bewusst als Ersatz hierfür Mitgefühl wählst. Oder wenn du deine Ungeduld bekämpfst und, statt ungeduldig zu sein, bewusst versuchst, die Gefühle und Nöte der anderen zu verstehen und auf sie einzugehen. Dies erzeugt positive Formen von Gedanken, Gefühlen und Handlungen. Das verändert deine Erfahrung. Das verändert dich. Du darfst dem Licht, das durch dich fließt, mit einer klaren Absicht begegnen. Immer und immer wieder. Durch Wiederholung entsteht Veränderung. Durch Pflege entsteht Heilung. Dadurch erschaffst du die Wirklichkeit, in der du lebst.

MIT SNAP! DEINE ENERGIE ERHÖHEN

Wer kann uns von Negativität befreien und unsere Energie erhöhen?

Findest du nicht, dass es an der Zeit ist, den Versuch aufzugeben, sich von anderen Menschen retten zu lassen oder die Verantwortung für das eigene Leben anderen aufzubürden? Die vielen großartigen Menschen in unserem Leben können uns unterstützen, mit gutem Beispiel vorangehen und uns eine Menge an Möglichkeiten aufzeigen, aber niemand kann uns unsere Seelenaufgaben abnehmen, die wir uns kurz vor der Inkarnation auf Erden selbst gestellt haben. Niemand wird gezwungen, an eine Seele, an Wiedergeburt und an ein wachsendes Bewusstsein zu glauben. Jeder darf seinen freien Willen leben, und niemand hat das Recht, dies bei seinen Mitmenschen anzuklagen oder zu verurteilen. Jeder hat genug mit sich selbst zu tun und darf das Therapieren anderer unterlassen.

Rette sich, wer kann

»Bleib bei dir« ist ein sehr weiser Rat. Denn es ist absolut sinnlos, jemanden gegen seinen Willen zu belehren. Erst wenn sich Menschen selbst mit Liebe erschaffen, beginnt das Werk Gottes. Das Ego sucht sich oft seltsame Wege, um den eigenen Aufgaben aus dem Weg zu gehen. Es redet uns permanent ein, dass mit den anderen etwas nicht stimmt. Doch in Wirklichkeit erkennen wir bei unseren Mitmenschen oftmals die eigenen Schwächen und die eigene Negativität. Mit dieser Form der Ablehnung verbringen wir ungeheuer viel wertvolle Lebenszeit. Wie können wir uns jemals wirklich selbst lieben, wenn wir uns nicht unsere Fehler und Schwächen eingestehen und diese akzeptieren? Nein. Erst durch unsere Untugenden erkennen wir unsere wahren Werte, bleiben ihnen treu und schöpfen aus den tieferen Ebenen unseres Seins die Kraft, uns zu verändern.

Wie erkennen wir unsere Wunden und was machen wir mit unseren Schwächen? Am besten sehen wir das, was uns nicht gefällt, bei anderen. Akzeptanz ist der erste Schritt zur Veränderung. Denn mit dem Akzeptieren unserer Charakterfehler und Untugenden beginnt die Selbsterkenntnis, und an dieser kommt niemand vorbei, der sich nach innen wendet und dessen höchste Priorität die eigene spirituelle Entfaltung ist. Heute haben wir einen neuen Begriff dafür, der etwas intellektueller und sachlicher klingt: Wir sprechen von Potenzialentfaltung. Die allerdings gab es schon immer, sie ist so alt wie die Menschheit selbst. Am Apollotempel von Delphi wurde vor langer Zeit die Aufforderung dazu auf Altgriechisch in Stein gemeißelt: *Gnóthi s'autón* – erkenne dich selbst. Für mich ist dies ein ethischer Appell an die

Vernunft und die Grundlage einer jeden liebevollen Handlung und eines lebensrichtigen Verhaltens. Mit dem Ego erfahren wir die erlösende Wahrheit der bedingungslosen Liebe nie – dies kann nur durch die Hingabe der Persönlichkeit an die eigene Seele geschehen.

Folge deinem Herzen

Dieses Buch ist für dich geschrieben worden, wenn du bereit bist, Eigenverantwortung für dein Leben zu übernehmen und dem Ruf deiner Seele und der Energie der Liebe zu folgen. Vielen Menschen ist in den letzten Jahren zunehmend bewusst geworden, dass negative Gedanken und Gefühle dementsprechende Auswirkungen auf ihre Taten und somit auf ihr ganzes Leben haben. Unsere eigene Negativität nimmt maßgeblichen Einfluss auf unsere Beziehungen zu Menschen, und wir erkennen die Tatsache, dass wir unser Leben nur für das Außen leben, sozusagen für unser Ego, und nicht wirklich aus der Seele heraus mit Selbstliebe und Lebensfreude. Wir jagen materiellen Werten, Status und Besitz hinterher und lange haben wir geglaubt, dass diese Art, für das Außen zu leben, richtig und gut ist. Doch mit wachsendem Bewusstsein entdecken wir unser Herz und die Liebe, und diese entlarvt unser Ego mehr und mehr. Wir wissen: Wir können uns jederzeit für das Gute in uns und außerhalb von uns entscheiden. Wir dürfen dies mit großer Entschlossenheit tun, wenn wir der Führung unserer Seele und unserem Herzen wirklich folgen wollen. Die materielle Welt mit Werten, die wir sehen und anfassen können, gab uns oft viele Jahrzehnte lang eine vermeintliche Sicherheit. Doch was bleibt von uns, wenn alles Sichtbare abfällt?

Das Licht beginnt zu leuchten

Nun, auf der Suche nach Wahrheit, vernehmen wir den immer lauter werdenden Ruf einer Welt, die man weder mit dem Verstand begreifen noch wissenschaftlich erklären kann. Wir beginnen nun, »mit dem Herzen zu denken« und uns dabei selbst in unserer Reaktion auf die Dinge zu beobachten, statt die Schuld für unser Verhalten und unsere Schwächen bei anderen zu suchen. Wir wenden uns zunehmend nach innen und entdecken dabei Werte und Tugenden, die uns vorher herzlich wenig berührt haben.

Diese Kehrtwende wird nicht selten durch eine große Lebenskrise verursacht, durch den Verlust eines Menschen oder des Arbeitsplatzes oder durch eine Krankheit. Plötzlich erscheint uns das Hier und Jetzt bedeutender als das Gestern und das Morgen. Wir erkennen, dass wir oftmals aus der Vergangenheit heraus handeln und dass dies durch Angst geschieht. Nun erfahren wir eine andere Wirklichkeit und entdecken die große Kraft des Jetzt. Da flackert ein Licht in uns, und je mehr wir die Aufmerksamkeit darauf richten, umso stärker leuchtet es. Unser Herz brennt immer heller für die Liebe, und wir begegnen Sätzen wie »Du bist das Licht der Welt« mit einem weitaus tieferen Verständnis. Wir fühlen, wie viel Macht von unseren Gedanken ausgeht. Wir spüren, wie viel Energie uns ein negativer Gedanke nehmen kann und wie viel Energie uns ein liebevoller Gedanke geben kann. Es wird uns immer klarer, dass wir einen freien Willen haben und diesen im Sinne der Liebe nutzen wollen. Allerdings fragen wir uns, ob dieser immer sehnlicher werdende Wunsch in einer materialistischen und leistungsorientierten Welt überhaupt realisierbar ist.

Freu dich des Lebens

Wir wollen die Freude in uns erhöhen und uns nicht von anderen Menschen oder dem »Übel in der Welt« runterziehen lassen. Doch die Realität sieht einfach (noch) ernüchternd aus. In Konflikten mit Menschen in unserem nahen Umfeld reagieren wir immer wieder mit Angst und den gewohnten Programmen aus dem Ego heraus: Angriff und Widerstand, Verteidigung und Rückzug. Wir erkennen dieses Verhalten bereits, können es aber meist noch nicht stoppen. Wir sehen uns sogar bei dem, was wir nicht mehr tun wollten, zu – es ist, als würde deine Seele neben dir stehen, mit verschränkten Armen, kopfschüttelnd und uns dennoch liebevoll dabei anlächelnd. Eines wissen wir nämlich ganz genau: Es gibt Gedanken und Handlungen, die uns Lebensfreude rauben, und es gibt Gedanken und Handlungen, die uns Lebensfreude schenken. Die Wahrheit ist: Wir haben die Wahl, und diese Wahl hat eine erhebliche Wirkung auf unser Leben.

Die gefährlichsten Gegner von Gesundheit und Glück sind negative Gefühle. Sie sind es, die dich runterziehen, dich auslaugen und dir deine Lebensfreude rauben. Von Anbeginn der Zeiten waren es negative Gefühle, die Einzelnen und ganzen Gesellschaften mehr Schaden zugefügt haben als alle großen Geißeln der Menschheit zusammen. Eines deiner wichtigsten Ziele, wenn du wirklich gesund und glücklich sein willst, besteht darin, dich von negativen Gefühlen und Energien zu befreien. Und das geht zum Glück – man muss nur wissen, wie. Die SNAP!-Technik wird dir dabei eine wundervolle Hilfe sein.

Es gibt viele gute Möglichkeiten, deine Energie – deine Bewusstseinsfrequenz – zu erhöhen:

- **Sehen:** Visualisieren – mit der Vorstellungskraft Positivität im Körper schaffen, negatives Visualisieren erzeugt Sorgen.
- **Malen:** mit bunten Farben künstlerisch gestalten.
- **Hören:** Heilige Musik mit einer hohen Schwingungsfrequenz hören, etwa Mantras, Klangschalen, Kirchenmusik, Chants.

- **Bücher lesen:** von Menschen mit hohem Bewusstsein.
- **Riechen:** Aromaöle und Räuchern beruhigen das zentrale Nervensystem oder regen es an und erinnern den Geist an die feinstoffliche Welt der Seele.
- **Schmecken:** Pflanzliche Ernährung ist nahezu gewaltfrei und unterstützt und fördert Mitgefühl und Güte.
- **Fühlen:** Alle Gefühle ohne Widerstand fühlen, Tiere oder Menschen streicheln.
- **Natur genießen:** auf Berge steigen, in Seen oder im Meer baden, den Wind in den Dünen (oder anderswo) spüren, Meeresluft atmen, dem Singen der Vögel im Wald lauschen, mit allen Tieren Freundschaft schließen und sie lieben.
- **Bewegung:** Sport, Yoga, Tai-Chi, Qigong – Lebensenergie wird durch die Chakras aufwärts gelenkt und löst Energiestaus und Blockaden. Bewegung bringt blockierte Energie in Meridianen und Chakras zum Fließen.
- **Meditation:** Gedankenstille reduziert das Ego, das sich mit den Gedanken identifiziert.
- **Singen:** Mantras oder gechantete heilige Worte erzeugen eine harmonische Schwingung.
- **Vorträge von bewussten Menschen:** Eckhart Tolle, Thich Nhat Hanh, IKYA, Gary Zukav, Byron Katie, Jiddu Krishnamurti, Christina von Dreien ...
- **Dankbarkeit und Freude praktizieren:** dankbar sein, Dankbarkeit wirklich fühlen. Täglich Dinge tun, die Freude machen, Rituale der Dankbarkeit und Freude praktizieren, zum Beispiel Sport, Yoga, wandern, Freunde treffen, gemeinsam kochen, über das Leben philosophieren, über Träume und Ziele reden, anderen Menschen helfen, wenn sie Unterstützung brauchen ...
- **Ehrliche Vergebung ist eine Loslösung von Negativität:** Ehrliches Vergeben bedeutet Freiheit von Schuld, Anklage und Urteil. Theoretische Vergebung ist nichts weiter als eine scheinheilige Maske und bewirkt keine Loslösung von Angst oder Wut.

Dem Ego auf die Finger klopfen

Hand aufs Herz: Da übt so manche jahrelang Yoga und wird biegsam wie eine Brezel, schießt aber giftige Pfeile auf ihre Mitmenschen ab, als gäbe es kein Morgen. Das Ego ist trotz aller Bemühungen – Pardon! – ein Miststück. Wir dürfen lernen, ruhiger und liebevoller auf das Geschehen in unserem direkten Umfeld und der Welt zu reagieren. Wir bringen Licht (Weisheit) in das Dunkel (Unwissenheit), statt die Destruktivität mit der negativen Energie zu nähren und am Leben zu erhalten. Wie oft lassen wir uns durch das, was in der Welt passiert, Angst einjagen und verlieren uns in pessimistischen Denkstrukturen? Welchem Opfer einer Missetat helfen wir, welchen Toten machen wir wieder lebendig, wenn wir jeden Tag unsere Lebensfreude mit negativen Nachrichten schmälern und mit Negativität auf die nicht mehr rückgängig zu machende Negativität in der Welt reagieren und sie damit verstärken? Wenn wir der Gewalt mit Wut begegnen, bringt das selten etwas Positives hervor. Was geschah, können wir nicht mehr verändern. Das Geschehene soll uns aber nicht gleichgültig, blind, taub oder stumm gegenüber der Ungerechtigkeit und dem Egoismus auf der Erde werden lassen. Im Gegenteil: Wir können dadurch WACH werden und mit mehr Lebensfreude viel bewusster und positiver in das Weltgeschehen eingreifen, als wir denken. Durch die bedingungslose Akzeptanz dessen, was geschehen ist, sind wir fähig zu lieben, was ist. Denn was ist, können wir nicht ändern, unsere Energie in Resonanz darauf können wir allerdings transformieren.

Lieben, was ist? Wie kann das funktionieren? Was können wir praktisch machen, also im Alltäglichen tun, um einen aktiven Beitrag für das Gute in der Welt zu leisten? Wie können wir die eigene negative Energie erhöhen und damit mehr Frieden, Freude und Glück in die Welt tragen? Nun, wir wissen bereits sehr genau, dass wir niemanden verändern können außer uns selbst, und deswegen können wir eben am besten auf unseren eigenen Baustellen unsere Energie bestimmen. Genau da, wo Negativität stattfindet, wird Positivität am meisten herausgefordert. In jedem Moment haben wir die Macht, aus einer negativen Stimmung auszusteigen. Indem wir es wollen! Indem unsere Absicht Liebe ist.

ERKLÄRBOX: ENERGIEZUSTAND (STATE)

Dein Verhalten ist das Ergebnis des Energiezustands, in dem du dich befindest. Es wird dir niemals möglich sein, dein Verhalten zu ändern, ohne vorher deinen Energiezustand positiv beeinflusst zu haben. Das bedeutet im Wesentlichen, dass du dich mit der Energie der Liebe aufgeladen hast. Dieser Energiezustand hängt von deinen Gedanken, deinen Gefühlen und deiner Körperphysiologie ab. Somit hast du drei Möglichkeiten, deinen aktuellen Energiezustand zu verändern: durch bessere Gedanken, bessere Gefühle und eine bessere Körperphysiologie. Da bereits viele Menschen wissen, wie sie ihre Körperphysiologie positiv beeinflussen können – zum Beispiel durch Sport, Ernährung, Meditation, Atemübungen et cetera –, liegt der Schwerpunkt dieses Buches auf der positiven Beeinflussung der Gedanken und Gefühle, mit dem Ziel, den Energiezustand (State) positiv zu beeinflussen. Das Verständnis der Bedeutung deines Energiezustands ist der Schlüssel zum Begreifen des Prozesses von Veränderung.

Die beiden Pole Persönlichkeitsentwicklung und Potenzialentfaltung

Wenn du deinen Energiezustand bewusst und dauerhaft Richtung Liebe erhöhst, gibst du deinem Ego nicht mehr die höchste Priorität. Anders ausgedrückt: Dein Ego hört auf, eine übergeordnete Bedeutung für dich zu haben. Es stellt sich eine gesunde Balance zwischen zwei Energiepolen ein, zwischen Ego und Seele. Es ist ein Einschwingen in den Fluss des Lebens zwischen Körper, Geist und Seele. Ein starkes Ego fürchtet höhere Energiezustände und eine gesunde Balance. Du reduzierst damit seine Macht, also seinen übergeordneten Einfluss, da du dich von ihm wegbewegst. Du wendest dich von der Identifizierung mit dem Körper ab und dem Bewusstsein deiner Unendlichkeit als Seele zu. Mit zunehmendem Bewusstsein richtest du deine Aufmerksamkeit auf die Energiefrequenz deiner Seele, und diese offenbart dir allmählich deine höchste Form.

»Potenzialentfaltung« ist zu einem geflügelten Wort in der Gesellschaft geworden, doch nur wenige sind sich der Unterschiede zwischen ihrer »internen Macht« (Seele) und ihrer »externen Macht« (Ego) bewusst. Es sind die feinen Grade zwischen den Polen, ihren entsprechenden Energiefrequenzen und den Richtungen, in die sie strömen. Sie fließen zwischen der inneren Welt der Geistigkeit/Seele und der äußeren Welt von Materie/Ego hin und her, auf und ab. Zum einen bist du ein formloses Sein, ein Pulsieren, ein Vibrieren, ein Strömen von Energie, wie ein großer Wal, der durch den Ozean der Unendlichkeit gleitet. Zum anderen bist du eine Persönlichkeit in einem sterblichen Körper mit einem kurzen Zeitfenster auf dem Planeten Erde. Potenzialentfaltung bedeutet nicht mehr – aber auch nicht weniger –, als in Verbindung mit seiner Seele zu kommen und das zu entfalten, was wir sind: Liebe. Es ist ein Sich-nach-innen-Orientieren, ein intensiveres Wahrnehmen seiner selbst. Die Welt in unserem Inneren zeigt uns unsere Heimat und unser wahres Wesen in seinem Ausdruck kosmischer Liebe. Eine Seele auf der Reise in eine höhere Bewusstseinsebene, auf dem Weg zum göttlichen Bewusstsein. Einfach gesagt ist ein erweitertes Bewusstsein eine Erweiterung deiner Liebesfähigkeit. Du lernst, dich der Liebe zu nähern, sie auf einzigartige Weise auszudrücken, zu geben und zu empfangen.

Die Absicht ändern

Persönlichkeitsentwicklung ist die weltlich orientierte Erweiterung des Intellekts und seiner Fähigkeiten; sie dient dem Ego. Sämtliche Tätigkeiten und Handlungen, die ausschließlich dein Ego oder das Ego anderer Menschen stimulieren, bauen ein großes Feld von Egoismus auf. Auf diese Weise entstand die egoistische Gesellschaft, in der wir leben. Wir haben erfolgreich verdrängt, die Welt als Ganzes zu sehen. Eine egoistische Gesellschaft, die vor der Liebe flüchtet, bekommt die Wir-

ERKLÄRBOX: ENERGIEFREQUENZ – ALLES SCHWINGT

Wissenschaftlich dürfen wir heute davon ausgehen, dass Information (darunter fallen auch Gedanken, Gefühle und Worte), Materie und Energie aus demselben »Holz« geschnitzt sind, nämlich aus Schwingungen. An allen Stellen im Universum und im Menschen werden Informationen als Schwingungen übertragen. Alle Sinneswahrnehmungen, egal ob Sehen, Riechen, Hören, Schmecken oder Tasten, werden von Sinnesrezeptoren in elektrische Signale, also Frequenzen beziehungsweise Schwingungen, übertragen. Deshalb ist der Schritt nicht allzu groß zu behaupten, dass alle Informationen Schwingungen sind.

Auch unsere Gedanken, Gefühle und Worte sind nichts anderes als Schwingungen. Obwohl unser Geist mit Worten und Bildern arbeitet, spricht das Gehirn selbst mit dem Rest unseres Körpers nicht in Worten und Bildern, sondern in der Sprache von Wellen. Es ist die Sprache der Schwingungsphasen, Schwingungsamplituden und Schwingungsfrequenzen. Und mit der Materie und der Energie verhält es sich ähnlich. Egal, was es ist: Wenn man beginnt, alles, was es gibt und je existiert hat, immer wieder zu teilen und zu teilen, stößt man nicht auf das kleinste unteilbare Teilchen, sondern auf Schwingungen. Die Wissenschaft ist sich heute einig: Es gibt keine Materie. Auch die Energie der Sonne trifft in unterschiedlichen Längenwellen auf die Erde, also in Form von Schwingungen. Der einzige Unterschied zwischen Materie, Energie und Information scheint in einer unterschiedlichen Schwingungsphase, Schwingungsamplitude und Schwingungsfrequenz zu liegen, die aus einem Meer von Möglichkeiten stammen.

Der Quantenphysiker Max Planck (1858–1947) fand am Boden dieser Erkenntnis eine unerklärbare Kraft: »Es gibt keine Materie an sich. Alle Materie, Energie und Information entsteht und besteht nur durch eine Kraft, welche die Atomteilchen in Schwingung bringt [...]. So müssen wir hinter dieser Kraft eine bewusste intelligente Kraft annehmen. Diese Kraft ist der Urgrund von allem.«

Sind wir also einfach nur eine große Wolke schwingender Energie? Unterscheiden sich Körper, Geist und Seele einfach nur durch unterschiedliche Schwingungsfrequenzen? Mit dieser Sicht auf die menschliche Existenz stoßen wir sicherlich an die Grenzen unserer Vorstellungskraft. Und trotzdem ist sie kein esoterisches Produkt, sondern die simple Konsequenz aus wissenschaftlichen Beobachtungen aus dem Reich der Quantenphysik.

kung zu spüren. Die Flüchtlingskrise und Covid-19 zeigen uns sehr gut, was wir zu lernen haben, und sie lässt uns die Angst und den herrschenden Egoismus der Menschen deutlicher denn je erkennen. Die Angst wird uns überall begegnen, bis wir die ersten Schritte aus der Seele heraus tun. Ohne die Absicht Liebe findet die Seele keine wahre Erfüllung.

Ein Mensch, der seine Größe lebt, ist hilfreich und dient dem kollektiven Bewusstsein. Es gibt zwar keinen materiellen Beweis für die Existenz der Seele und ihrer Dimensionen, aber du selbst kannst Zeuge der feinstofflichen Realität werden, indem du wach und präsent bist bei dem, was geschieht. Du kannst es auch dabei belassen und nur an deine Seele glauben – aber wirklich zu wissen, wer du bist, dich zu trauen, deine Herrlichkeit zu leben, wird dir Demut und tiefe Dankbarkeit schenken.

Warte nicht darauf, dass das Wunder der Liebe in dein Leben tritt. Du selbst bist das Wunder der Liebe. Du bist der Beweis, dass sie existiert. Wenn du sie dir nicht beweist, existiert sie nicht für dich. SNAP! anzuwenden und zu üben bedeutet, die im Schatten deines Bewusstseins schlummernden Aspekte deiner Seele zu erwecken. Diese Aspekte stören dich dabei, du selbst zu sein, sie blockieren deine spirituelle Entwicklung. Nimm dein Wesen nicht nur wahr, sondern erlebe es, wie es ist, mit allen Sinnen. Lass die positiven Frequenzen, die zuvor nur in dich einströmen konnten, jetzt von dir ausströmen. Lass ganz bewusst von dir ausstrahlen, was in den Untiefen deines Seins vor sich hinschlummert. Sei im höchsten Maße menschlich. Sei liebevoll zu allen Wesen und sei (wieder) gut zu deiner Seele.

Harmonische und gestörte Schwingung

In vielen esoterischen Schriften wird davon gesprochen, seine Energiefrequenz und damit seine Schwingung zu erhöhen. Das würde jedoch voraussetzen, dass höhere Frequenzen besser als tiefere Frequenzen sind. Dem ist nicht so – und am Beispiel des Körpers kann man diesen Zusammenhang gut erklären. So, wie unterschiedliche Materie unterschiedliche Schwingungsfrequenzen hat, hat auch jedes Organ seine ureigene Schwingungsfrequenz. Die Leber schwingt mit ihrer typischen Leberfrequenz, die Nieren schwingen mit ihrer typischen Nierenfrequenz. Kommt die Leber aus ihrem Rhythmus und wird krank, wäre es nicht hilfreich, der Leber zu sagen, sie solle höher schwingen, um gesund zu werden. Nein, das, was die Leber irritiert, sind Störfrequenzen, egal ob durch Medikamente, schlechte Ernährung, Alkohol oder negative Gedanken. Das alles sind Frequenzen, die die natürliche und harmonische Schwingung der Leber stören. Die Leber muss, um zu gesunden, also nicht höher, sondern einfach nur harmonischer schwingen. Sie darf in ihren eigenen Rhythmus zurückkehren. Gesundheit ist die Abwesenheit von Störfrequenzen. Alles, was wir in unserem Leben benötigen, tragen wir in uns. Es geht also viel weniger darum, uns etwas künstlich hinzuzufügen, sondern vielmehr darum, die Störfrequenzen aus unserem Leben zu eliminieren.

Von Licht und Dunkelheit

Manche Dinge wie das Licht haben eine natürliche Existenz. Andere Dinge entstehen nur durch eine Abwesenheit – so ist etwa Dunkelheit die Abwesenheit von Licht. Und genauso verhält es sich mit Schwingungsfrequenzen: Die Schwingungsfrequenz von Liebe, Mitgefühl und Dankbarkeit hat eine natürliche Existenz. Andere Frequenzen wie Wut, Angst und Missgunst entstehen durch die Abwesenheit oder die Störung von Liebe, Mitgefühl und Dankbarkeit.

Angst und Wut haben also keine eigene Schwingungsfrequenz, sie sind vielmehr gestörte Liebesfrequenzen. Sie haben ihre Ursache im Mangel an Liebe. Die Frequenz schwingt nicht harmonisch wie ein schöner Ton, sondern es kommt, durch die Störung, nur ein Krächzen heraus. Trotzdem würden Angst und Wut ohne Liebe nicht existieren.

Da ich persönlich an eine Schöpferkraft glaube, bin ich fest davon überzeugt, dass es keine niederen und schlechten Schwingungen gibt. Alles wurde zu unserem Besten erschaffen. Wir haben jedoch die Wahl, uns entweder selbst und die Harmonie des Lebens zu stören oder uns Letzterer hinzugeben und anzuvertrauen. Unsere Seelen spielen sozusagen alle hauptberuflich in einer Band namens GOTT & Co. KG.

Du bist die Melodie

Stell dir deinen Körper, deinen Geist und deine Seele wie eine große Band vor: Jedes Bandmitglied und jedes Instrument schwingt in seiner ureigenen Frequenz, in seinem Rhythmus, in seiner Stimmung, und bringt damit alles hervor, was es gibt. Jeder Ton hat seine Zeit; manche verklingen früher, andere später. Manche Töne erklingen hoch, andere tief. Keine Frequenz ist besser oder schlechter. Alle werden benötigt, um einen einzigartigen Song zu erschaffen. Und je harmonischer du deine Frequenzen schwingen lässt, umso besser klingt dein Sound, umso besser ist deine Stimmung. Auch hier gilt es nicht, neue Frequenzen zu entdecken oder höher zu schwingen, denn alles ist bereits in dir. Wenn du die Frequenz der Liebe ungestört schwingen lässt, wirst du eine Melodie hören, die dich verzaubert, und dir eine Welt eröffnen, die schon immer da war, die du nur noch nicht wahrgenommen hast. Du darfst lediglich alle Instrumente in dir entdecken und zum Klingen bringen, auch die vielen verborgenen Instrumente deiner Seele.

Deine Energie erhöhen

Deinen Energiezustand erhöhst du:

- indem du harmonischer schwingst (mit mehr Liebe, Mitgefühl und Dankbarkeit),
- indem du Störfrequenzen wie Wut, Angst und Missgunst eliminierst und neutralisierst,
- indem du empfänglich für die Frequenzen deiner Seele wirst (für deine ungenutzten und ungehörten Instrumente), die bereits in dir vorhanden sind,
- indem du nach mehr Bewusstsein und Selbsterkenntnis strebst,
- indem du Störfrequenzen eines toxischen Lebensstils (Fehlernährung, Vitaminmangel, Bewegungsmangel, Rauchen, Drogen, Alkohol, Stress) eliminierst.

Die Abwärtsspirale erkennen

Wir können die uns »runterziehende« Negativität eine Abwärtsspirale nennen, in die wir uns unbewusst hineinbegeben und in der wir uns zunehmend machtlos fühlen. Was man auch dagegen tut – nichts scheint wirklich zu helfen. Wenn man zum Beispiel in einen Machtkampf mit jemandem geraten ist, führt ein negativer Gedanke zu einem negativen Gefühl. So war das auch bei mir: Alles Mögliche in meinem Alltag konnte Angst, Wut und Selbstzweifel in mir verursachen und mich runterziehen. Da ich meinen Gedanken meist ungefragt glaubte, was sie über mich erzählten, hatte ich wirklich vor sehr vielen Dingen und Umständen Angst. Es war nicht so, dass meine Negativität größer gewesen wäre als die anderer Menschen. Es war vielmehr so, dass mir meine negativen Gedanken und Gefühle auf einmal vollkommen bewusst wurden. Es war mir plötzlich klar, wovor ich Angst hatte, wann diese Angst am stärksten getriggert wurde und vor allem warum. Wenn ich Angst hatte, schwirrten mir hässliche Gedanken wie zwitschernde Vögelchen um den Kopf herum und machten mir sehr schlechte Gefühle. Es war ein Krieg mit mir selbst. Dieser Lebenskampf war wirklich das Gegenteil dessen, was ich mir wünschte.

Gegensätze vereinen

Depressionen sind der tiefste Sturz in eine Abwärtsspirale, weil man noch nicht weiß, dass man fähig ist, seinen negativen Gedanken und Gefühlen jederzeit mit Liebe zu begegnen. Wo Angst herrscht, fällt deine Energie abrupt ab, weil dein Energiezustand durch den Mangel an Liebe gestört ist. Dies verursacht dem Ego großen Schmerz. Du kannst dein Ego verletzen, mit zweifelhaften, wütenden, traurigen und angstvollen Gedanken über dich. Deine Seele hingegen kannst du nicht verletzen.

Negative Gedanken und Gefühle, die ohne das willentliche Entgegensteuern des Bewusstseins außer Kontrolle geraten, vermehren sich wie Fruchtfliegen auf faulem Obst. Befinde ich mich in Konflikt mit mir selbst, kommt es zu Gedanken wie: »Ich kann das nicht, ich bin nicht gut genug und was soll bloß aus mir werden?« Eine starke Welle der Sinnlosigkeit, des Zweifelns und der Traurigkeit erfasste mich: »Ich kann nicht mehr. Warum muss ich immer mit dem, was ist, kämpfen?« Diese Gedanken ließen mich in Selbstmitleid versinken; ich fiel in ein dunkles Loch voller negativer Geschichten und suhlte mich darin wie eine wilde Wutz. Doch dann grub ich tiefer und fand letztlich Sinn darin – ich fragte mich: Was ist das Gute an der Negativität? Klingt widersprüchlich und ist es auch, doch wer Gegensätze vereint, erschafft eine selten schöne Harmonie.

Alles ist gut

Manche Wellen meiner Negativität waren klein und kamen »nur« in Form von inneren Sorgen. Man sorgt sich, ob man überhaupt gut genug ist für gewisse Tätigkeiten, die man sich vorgenommen hat. Wenn unvorhergesehene Rechnungen ins Haus flattern, sind es die Sorgen um die finanzielle Sicherheit und um die Zukunft. Sich Sorgen zu machen bedeutet, in einer niedrigen Frequenz zu denken. Sich zu sorgen bedeutet, dass du jetzt schon eine negative Verbindung zu dem, was noch gar nicht geschehen ist, hast. Wie oft visualisierst du, was alles Schreckliches passieren könnte? Wie auch immer sich eine niedrige Energie in dir ausdrückt: Wir machen uns klein und fühlen uns somit dem, was geschieht, nicht gewachsen, und hinter all diesen unangenehmen Gefühlen steht wie immer die Angst und winkt mit dem Zaunpfahl. Manche Wellen der Negativität sind so groß wie Tsunamis und brechen mit großer Härte über uns herein. All diese kleinen und großen Dramen, die Tragödien, die sich im Alltag ereignen, dienen dem Zweck, dich zu deinem nächstgelegenen Bewusstseinslevel zu führen.

Bei der Erhöhung deiner Energie geht es nicht darum, dass du dich stark, schön und weise verhältst, sondern darum zu akzeptieren, wenn es gerade nicht so ist. Es geht darum, den Weg in die hohe Energie der Liebe anzutreten, in die Ruhe zu kommen und mehr Tatkraft für deine Ziele im Leben zu haben. Wenn du jetzt vielleicht sagst, dass du gar keine Ziele hast, dann erinnere ich dich daran, dass dies auch ein Ziel ist. Trotz allem. Du bist auf deinem Weg und darfst mit den negativen Aspekten deiner Persönlichkeit zusammenarbeiten, weil du sie sowieso, früher oder später, zu transformieren hast. Jeder Konflikt, jedes Drama, sogar Schicksalsschläge und Tragödien in deinem Leben werden dich für gewisse Zeitspannen in vielfältige Bewusstseinszustände mit verschiedenen Intensitäten bringen. Manchmal ist ein hoher Druck notwendig, weil er dafür sorgt, dass sich dein Bewusstsein ausdehnt und wächst. Du darfst Tag für Tag über dich selbst hinauswachsen. Dein

Bewusstsein ist, wie es im Augenblick ist, und somit bist du das Beste, das dir in jedem unbewussten Moment passieren kann. Du darfst deine kleinen Fortschritte dankbar anerkennen, dich loben und wertschätzen. Erfolg bedeutet, dass du mit deiner Absicht eine große Wirkung erzielst.

Schwing dein Ding und erhöhe deine Frequenz

In einigen guten spirituellen Ratgebern oder Büchern kann man lesen, wie wichtig es ist, besonders in negativen Seinszuständen die eigene Schwingung zu erhöhen. Und die Ego-Geschichten, die man sich währenddessen erzählt, nicht einfach zu glauben. Doch wie man das tut und es praktisch anwendet, steht meist leider nicht dabei.

Wie erhöht man denn seine eigene Energie selbst? Vor allem dann, wenn man gerade auf 180 und alles andere als liebevoll drauf ist? Genau das Gegenteil ist ja der Fall: Man hat gerade eine Stinkwut, ist megatraurig oder voll auf Krawall gebürstet und schwingt ein virtuelles Nudelholz. Das ist der Moment, in dem du eine machtvolle Wahl triffst: entweder **S**ofort **N**eutral, **A**ktiv und **P**räsent zu sein – also die SNAP!-Technik anzuwenden – und Kontrolle zu übernehmen oder in dein Ego zurückzufallen und ein altes Programm ablaufen zu lassen.

»Du kannst so tief sinken, dass du glaubst zu fliegen« – dieser treffliche Satz von Marie von Ebner-Eschenbach bringt das Ego in Aktion voll auf den Punkt. Es ist vor allem der Alltag, an dem wir oft so dramatisch mit unseren Mitmenschen und erst recht mit uns selbst scheitern. Aber es ist Rettung in Sicht, denn inzwischen gibt es ja für jede persönliche oder gesellschaftliche Entgleisung ein Seminar, und daher besuchen wir Erfolgsseminare, Persönlichkeitsworkshops, Erzengelenergie-, Entspannungs-, Yoga- oder Meditationskurse, Stricken gegen die Angst und Häkeln für das Selbstwertgefühl. Du findest, ich mach mich ein wenig lustig darüber? Ach, also, hm. Ja, auch das (mehr zu dieser Übung auf Seite •••).

Seminarkosmetik

Das Problem ist Folgendes: Es kommen leider zu viele Menschen aus Seminaren heraus, die sich ein seelenloses Grinsen aufsetzen, um damit ihre Angst und Wut zu überdecken. Losgeworden sind sie diese Gefühle nämlich nicht. Und sehr viele glauben danach felsenfest daran, dass sie nur die »falschen, unbewussten, erfolglosen oder narzisstischen und negativen Menschen« um sich herum haben. Ich höre von Menschen oft Sätze wie: »In diesen Erfolgsseminaren sind immer so positive, erfolgreiche, bewusste Leute. Endlich die richtigen Menschen um mich herum!« Klingt ja spannend! Ist das so? Oder sucht da etwa mal wieder jemand die Retter oder Schuldigen im Außen? Da möchte ich mal genauer hinschauen.

Ich bin selbst Seminarleiterin und habe bereits an einigen Dutzend Seminaren teilgenommen und die Bereitschaft und Offenheit vieler Menschen erlebt. Ohne Frage, die Teilnehmer wollen sich verändern, sonst hätten sie das Seminar nicht gebucht. Doch die Veränderung findet nicht im Seminar statt, sondern täglich im Alltag.

»Empower yourself« trifft auf Realität

Der Gong wird gebeten zu gongen. Und es kommt, wie es kommen muss: Das Seminar ist zu Ende. Du schwebst gefühlte zwei Zentimeter über dem Boden nach Hause. Und – ZACK! – kommt deine Mutter zu Besuch. Du hast die besten Absichten und lauter gute Vorsätze. Tief im Inneren schwörst du dir: »Diesmal schaffst du es nicht, Mutter, ich bin im Einklang mit mir selbst!« Obacht! Mutters Mund geht ein paarmal auf und zu, ihre Zähne machen blingbling und alles ist vergessen. Eben war man noch total beseelt im Seminar, und im nächsten Moment ist man der eigenen Mutter ins Gesicht explodiert. »Na, herzlichen Glückwunsch«, flüsterst du dir zu. Kaum bist du in alten Gefilden unterwegs, geht es auch schon wieder los. Dein Prüfungskomitee steht in den Startlöchern, scharrt mit den Hufen, und du schlägst voll nach hinten aus.

Es muss natürlich nicht deine Mutter sein, die dein Auslöser für deine Aggression ist, aber es ist mit Sicherheit jemand, der dich auf den Boden der Negativität zurückkatapultiert. Ja, denkste! Ein richtig falsches Wort von irgendwem (man beachte das Paradox), und – peng! – wird scharf geschossen. Schon zeigt uns der Alltag mit Vollgas, wie liebevoll, achtsam, bewusst, dankbar, vergebend, einsichtig und wertschätzend wir wirklich sind. Wie konnte das nur passieren? Hier offenbart sich dir, mit voller Breitseite, der Level deines Bewusstseins, weil du eben nicht wach bist, sondern auf Autopilot läufst.

Lehrer überall

Unsere lieben Mitmenschen lehren uns den Unterschied zwischen Liebe und Angst, all das Positive und all das Negative. Sie schütteln uns mit ihren hohen und tiefen Frequenzen richtig schön durch, indem sie sich verhalten, wie sie es nun mal tun. Wir können uns in ihre Energie einstimmen, in unserer Frequenz bleiben oder die Liebe wählen und uns selbst überwinden. Aber meist meinen wir eher das »Pseudoerheben« des Ego: »Da steh ich doch drüber!« Eins ist sicher: Damit haben wir nicht die Liebe gewählt.

Im Gegenzug sind wir dann die Lehrer unserer Mitmenschen. Wir lehren auch sie mit unseren tugendhaften Verhaltensweisen oder unseren Ego-Reaktionen. So nehmen wir uns gegenseitig, als Lehrer und Schüler, unsere schönen und hässlichen Masken ab.

Die Hauptstrategie vieler Konflikte im Ego ist, wie bereits erwähnt, Angriff und Verteidigung, und solange wir Angst vor Konflikten haben, werden wir unsere Angst mit diesen alten Programmen nähren. Wir lehren Menschen, wie wir Liebe und Angst ausdrücken. Irgendwann wissen wir: Es sind die richtigen Menschen um uns herum, doch wir reden uns immer wieder ein, wenn bessere, klügere und bewusstere Menschen um uns herum wären, hätten wir weniger Angst und auch weniger Konflikte – oder gar keine mehr. Wir stellen schließlich fest, was geschieht, und egal, was geschieht und wem wir auch begegnen, wir begegnen immer uns selbst.

Die eigene Frequenz bestimmen

Mit wem auch immer du dich umgibst oder wen auch immer du aus deinem Leben hinauswirfst, weil er oder sie deiner Meinung nach ein »Energievampir« ist: Du bestimmst deine Energie und Frequenz. Die hohe Energie der Liebe wird mit der Zeit definitiv wieder auf dein alltägliches Bewusstseinslevel absinken. So wie jeder »Rausch« sich wieder verflüchtigt und abbaut. Die Teilnehmer in einem Seminar geraten durch die Übungen und Techniken in höhere Frequenzen, in die hohe Energie der Liebe und schweben lange auf Wolke sieben. Aber eine dauerhaft hohe harmonische Frequenz darf kontinuierlich und muss täglich bewusst erzeugt werden. Die Teilnehmer schwingen sich aufeinander ein und sind für die Dauer ihrer gemeinsamen Zeit sozusagen in sich selbst und alle anderen »verliebt«. Das Herz ist offen.

Love, love, love

Es gibt nichts Schöneres auf der Welt, als sich in sich selbst zu verlieben. Sich aus den richtigen Gründen in sich selbst zu verlieben, mit einem tieferen Sinn und am besten für immer. Wenn du deine Energie in Harmonie bringst, verliebst du dich in dich selbst und willst deine Liebe zu dir mit so vielen Menschen wie möglich teilen. Mit all deinen Gaben und Talenten drückst du dein höchstes Selbst aus und bringst die Energie der Liebe in dir auf deine ganz eigene Art und Weise in dein Umfeld und in die Welt. Du trägst ihre Kraft in dir und bist in ihr, in der Liebe! Das ist die Kraft, in die wir alle kommen wollen und die gleichzeitig das ist, was wir wirklich sind. Du bist Liebe. Ist das so schwer zu verstehen? Ja. Für das Ego ist es das. Aber für die Seele ist die Liebe der so oft zitierte Balsam.

Wir dürfen in so viele Seminare, Workshops und Vorträge gehen und uns inspirieren lassen, wie nur irgend möglich, und all das ist wichtig und wertvoll, wenn die Absicht oder Inspiration hinter dem ganzen Erfolgsgedöns die Liebe ist. Aber wir müssen es im Alltag trainieren. Du und ich, wir dürfen es miteinander lernen und anwenden, wenn wir uns nicht vertragen, und mit unseren Kindern, Ehemännern, Ehefrauen, Freunden und mit fremden Menschen. Wir gehen nach Hause und beginnen, das anzuwenden, was wir im Seminar gelernt haben: unsere Seele der Welt zu zeigen. So, wie wir wirklich sind, authentisch und ohne Masken. Wir dürfen lernen, Liebe und Angst in uns zu unterscheiden und bewusst die Liebe zu wählen. Gerade dann, wenn die andere Person in unseren Konflikten Unrecht hat oder voller Wut und Hass ist, voller Neid, Missgunst, Hohn, Rechthaberei und Lüge. Denn all das ist auch in uns. Wir sind uns ähnlicher, als wir denken, nur sind wir es jetzt, die gerade etwas klarer sehen, weil wir eine andere Perspektive haben. Wir sehen es bei anderen nur deshalb viel besser, weil wir in diesem Moment noch nicht in dieser Energie sind. Wir sind in diesem Moment in einer höheren Bewusstseinsfrequenz als das Problem und entscheiden jetzt, ob wir uns auf Wut, Angriff und Verteidigung einschwingen oder ob wir im Frieden bleiben, Ruhe bewahren und in unserer Mitte bleiben. Lassen wir uns runterziehen? Wir haben die Wahl! Wenn wir wirklich die Liebe wählen, geben wir ihre Weisheit dorthin, wo sie am nötigsten gebraucht wird. Jetzt, in diesem Moment, verbinden wir uns mit unserer Seele und gehen mit voller Absicht in ihre Kraft und haben die Chance, bedingungslose Liebe zu trainieren. Wie leicht ist es zu lieben, wenn man geliebt wird! Doch dass Liebe heilt, lernen wir am besten dort, wo es an Liebe fehlt und wo sie am dringendsten von uns gebraucht wird. Und wir brauchen diese spirituelle Praxis für die Herausforderungen des Lebens.

Jeder von uns hat sicher schon mal in einem Seminar gesessen und die Energie der Liebe in sich aufsteigen und danach wieder absteigen gefühlt. Wir dürfen also nicht vergessen, dass wir es sind, die sich willentlich in eine hohe Energiefrequenz einschwingen können. Jederzeit! Zu Hause angekommen tun wir das auch, aber leider viel zu oft in die andere Richtung. Und wie das immer so ist: Wenn es am schönsten ist, muss man gehen. Du gehst in ein Seminar, um dir Hausaufgaben abzuholen. Selbst Anthony Robbins beamt dich irgendwann wieder nach Hause. Die Ferien sind wieder vorbei. Und nun alle gemeinsam und im Chor, singing: Back to life, back to reality.

Deine Entscheidung für eine höhere Energie

Für eine kraftvolle Verbindung zu deiner Seele richtest du den Fokus auf Liebe, auf das große Ganze. Wenn du mehr Energie, Gesundheit und Liebe in deinem Leben möchtest, darfst du dich Tag für Tag für ein Leben in einer höheren Energie entscheiden. Und dies ist immer mit einer großen Hingabe an die Liebe verbunden. Ansonsten verliert sie ihre Macht und Kraft, und du verlierst deine Energie. Diesen

Zustand erkennst du sehr leicht: Es fehlt dir die Freude, die Lust am Tun. Deine Entwicklung stagniert. Der Fluss der Energie ist auf innere oder äußere Widerstände gestoßen. Stagnation ist ein schwarzes Loch, das deine Lebensenergie in sich hineinsaugt. Wenn du erkennst, dass etwas dir nicht guttut, und du dich nicht für eine Verbesserung – gleichbedeutend mit einer höheren Frequenz – entscheidest, verplemperst du deine wertvolle Lebensenergie.

Vielleicht helfen dir ein paar greifbare Beispiele: Sich nicht zu entscheiden ist wie die Suppe, die lauwarm geliefert wird. Die Tomate, die nicht nach Tomate, sondern nach Wasser schmeckt. Das Chili, das nicht feurig scharf und würzig ist. Bei einem Partner zu bleiben, der sich nicht sicher ist, ob er dich liebt. Der Chef, der den Wert eines fleißigen und loyalen Mitarbeiters nicht erkennt. Der Vater, der sich nicht um seine Tochter oder um den Sohn kümmert.

Es geht vor allem darum, dass viele Dinge begonnen und nicht zu einem guten Ende gebracht werden. Die Liste von Tomaten, Chefs und Vätern ließe sich unendlich fortführen. Sie soll dir nur verdeutlichen, dass es nichts Halbes und nichts Ganzes ist, wenn wir uns nicht für das Wirken der Liebe in uns entscheiden und weiter nur auf Sparflamme wirken. Was hat denn Liebe mit Tomaten zu tun?, wirst du dich jetzt vielleicht fragen. Iss eine Tomate, die du aus einem blühenden Garten gepflückt hast. Vielleicht im Garten deiner Großmutter oder die Tomaten auf deinem eigenen Balkon. Du kannst die Liebe darin nur schmecken, weder kannst du sie messen noch wissenschaftlich beweisen. Die höchste Wirkung einer Tomate ist, nach einer Tomate zu schmecken. Die höchste Wirkung von dir sollte sein, vollkommen du zu sein. Lebe, erwecke deine Seele mit all deinen Sinnen, und viele deiner Fragen werden sich von selbst beantworten, von dir selbst beantwortet werden.

Der Reichtum deiner Seele

Ich wünsche mir sehr, dass du in diesem Buch viele Sätze findest, die Teile deiner Seele erwecken. Nimm dir Zeit, beantworte meine Fragen. Das wäre meine schönste Belohnung. Danke für die Zeit, die du meinen Worten bereits schenkst. Aber bitte glaube mir nicht einfach, denn das wird nichts bei dir verändern oder verbessern. Erforsche, beobachte, atme, wende an, fühle und wiederhole. Lege immer wieder einen Versuch mehr drauf, dich für die Liebe zu entscheiden. Immer einen mehr. Schreibe dir zum Beispiel die Kürzel der drei SNAP!-Calls auf den Zeigefinger, damit du nicht vergisst, sie im Ernstfall anzuwenden: **| ÷ O**

Was du auch immer an weltlichen Schätzen gesammelt hast, dein Auto, dein Haus, alles, was du besitzt, deine Kleidung, deine Kontakte, Follower und Facebook-Freunde, der Status oder Ruhm, den du dir erarbeitet hast, und das Geld auf deinem Konto: Spätestens zum Zeitpunkt deines Todes spielt das alles keine Rolle mehr. Und wann dieser Zeitpunkt ist, das weißt du nicht. Vielleicht in zwei Stunden, morgen früh, nächste Woche, in ein paar Monaten oder in einigen Jahren oder auch erst in 50 Jahren. Ich möchte dich schon hier und jetzt fragen: Was von all dem bereichert deine Seele? Was erfüllt dich mit Herrlichkeit? Was wirst du mitnehmen, wenn du deinen Körper eines schönen Tages verlässt? Beantworte diese Fragen, wenn du kannst. Nein, nicht mir, sondern aus tiefstem Herzen deiner Seele.

Deine Entscheidung, der Negativität in dir ein Ende zu setzen, ist der erste Schritt in Richtung Liebe und göttliches Bewusstsein. Du gibst damit deiner Seele das heilige Versprechen, deine Energie zu erhöhen. Deine Dunkelheit (spirituelle Unwissenheit, Negativität) offenbart sich in Gedanken und Gefühlen, und du kannst sie Grad um Grad und täglich verwandeln. Deine Sehnsucht nach Frieden und Freiheit muss so groß sein, dass du dir jene Frequenzen zu eigen machst, die du dir von deinen Mitmenschen wünschst. Dies jedoch nur zu wollen, wird dich nicht von deiner Negativität befreien und deine Nacht nicht zum Tag machen. Du darfst Tag für Tag die Sonne deines Lebens sein und täglich von Neuem wählen. Lass das Licht deiner Seele in die Welt hinaus strahlen. Nur du allein wirst deine Sonne in den Zenit erheben, und dein Leuchten wird so hell sein wie der Mittag. In deiner Kommunikation mit Menschen kannst du deiner Negativität viele bunte, freundliche Masken aufsetzen und noch so höfliche Worte benutzen, aber du hältst damit nicht die von dir ausgehenden niederen Energiefrequenzen zurück. Sei dir gewiss, dass andere, bewusst oder unbewusst, darauf reagieren werden. Wo stehst du? Wo willst du hin? Und wann?

Die Schule des Lebens

Wir alle sind hier, um unsere Wahrnehmung zu weiten. Vor allem erfahren wir, dass wir durch Weisheit oder Schmerz lernen können. Durch die Identifizierung mit dem Körper haben wir für lange Zeit vergessen, dass wir auch eine sich zum göttlichen Bewusstsein entwickelnde Energieform sind. Eine unendliche Seele in einem menschlichen Körper. Wir haben eine Persönlichkeit mit einem starken Ego entwickelt, das sich in seinen Erfahrungen, sozusagen zwischen zwei Polen, Negativität und Positivität, hin und her bewegt. Tag für Tag dürfen wir wählen, für welche Richtung wir uns entscheiden. Jeder Einzelne von uns schwingt hier und jetzt auf seinem individuellen Bewusstseinslevel. Alles, was wir denken, fühlen, sagen und tun, erzeugt positive und negative Schwingungen. Jeder von uns lernt aufgrund seiner Erfahrungen mit diesen Schwingungen, wie es sich auf dem Weg zu mehr Bewusstheit mit der Positivität (Liebe, Freude) und der Negativität (Angst, Wut) verhält. Wir lernen, dass unser Verhalten positive oder negative Wirkungen haben kann und dass wir mit einer positiven und negativen Weise auf unsere Umstände reagieren können. Wollen wir liebevoll, harmonisch und friedlich sein oder ängstlich, wütend und kämpferisch? Wir haben die Wahl, eine verantwortungsbewusste Entscheidung zu treffen. Und wir lernen aus unseren Entscheidungen, indem wir intensive Erfahrungen mit ihnen machen.

Drei wesentliche Einsichten

Es gibt drei wesentliche Einsichten über dein Leben, die du wissen musst:

1. Du hast einen freien Willen.
2. Du lernst durch Weisheit oder Schmerz (leidvolle Erfahrungen).
3. Du hast bewusste und unbewusste Absichten.

In der Reaktion auf die eigenen Umstände, besonders in Konflikten mit Menschen, liegt ein enormes Wachstumspotenzial für deine geistige Entwicklung verborgen. Du hast die Wahl, mithilfe deines freien Willens die Absicht Liebe zu wählen und mit deinen negativen Gedanken und Gefühlen zu arbeiten, bevor sie zu einer negativen Wirkung führen. Du lernst, deine negativen Gedanken und Gefühle in eine positive Richtung zu lenken und mit deiner Seele – deinem höheren Selbst – synchron zu schwingen.

Jeder Mensch kann nur für sich selbst ein höheres Bewusstsein realisieren. Besonders nachhaltig und effektiv können uns hier unsere alltäglichen Konflikte dienen. Sie decken die Unbewusstheit in uns schonungslos auf. Ob wir mit uns selbst kämpfen oder mit anderen Menschen, spielt dabei keine Rolle. Mit dem freien Willen haben wir die Macht, Ruhe, Liebe und Frieden in alle unsere Handlungen und in unsere Reaktionen zu bringen. Anstatt in den Widerstand mit dem zu gehen, was gerade geschieht, können wir lernen, mit Einsicht und Akzeptanz unsere Negativität anzunehmen und zu transformieren.

Du hast es in der Hand

Die SNAP!-Technik ist eine einfache Methode für den Alltag, um das eigene Bewusstsein genau dort zu erhöhen, wo es am nötigsten ist. SNAP! funktioniert, ohne kompliziert und teuer zu sein. Die Anwendung ist leicht, vielleicht zu leicht für ein großes Ego. Und es ist ein bedeutender Schritt, dieses Training zu beginnen, denn dazu gehört bereits die Erkenntnis, dass alles, was wir denken und fühlen, unsere Welt formt. Wenn unsere negativen Gefühle wie Wut und Angst aktiv sind, können wir sie deutlich fühlen und am besten erkennen. Wir dürfen uns die eigene Wut und Angst eingestehen und bewusst machen, bevor wir sie auch wirklich bearbeiten, verarbeiten und loslassen können. Die Augen vor der eigenen Dunkelheit (Unbewusstheit) zu verschließen, macht niemanden frei. SNAP! ist eine ehrliche Praxis, die deine Schatten sichtbar macht und somit deiner Befreiung dient. Sie hilft dir, in Konflikten mit anderen oder mit dir selbst deiner Angst und Wut wirklich zu begegnen und dennoch Ruhe zu bewahren. In dieser Ruhe findest du wahre Macht und Kraft. Du wirst lernen, den Einklang mit deiner Seele bewusst zu wählen, in ein tiefes Urvertrauen zu kommen und aus diesem heraus zu handeln. Dafür brauchst du nichts weiter als die Finger deiner Hand, drei hypnotische Sätze sowie drei Atemtechniken.

Drei Sätze für die Liebe

1. **SNAP! 1** ist die hypnotische Aktivierung deines Unterbewusstseins, um über deinen freien Willen negative Gedanken und Gefühle sofort zu erkennen und dir darüber im höchsten Maße bewusst zu sein.
   Deine bewusste Absicht: Ich wähle **Klarheit.**

2. **SNAP! 2** ist die hypnotische Klärung deiner negativen Gedanken und Gefühle durch die Ruhe und Energie der Liebe.
   Deine bewusste Absicht: Ich wähle **Freiheit.**

3. **SNAP! 3** ist die meditative Verbindung deiner Persönlichkeit mit deiner Seele und deinem Urvertrauen in deine authentische Kraft und Präsenz.
   Deine bewusste Absicht: Ich wähle **Frieden.**

Mit Anwendung und Übung der Technik lernst du, dich immer tiefer mit der Seele zu verbinden, aus dem Ego zu springen und bei allem, was geschieht, klarer, angstfreier und friedlicher zu sein.

Wann und wie wird SNAP! trainiert?

Egal, wo du auch bist, ob zu Hause, in der Arbeit, bei Familientreffen, in Gesprächen mit Freunden und Bekannten oder auf der Straße mit wildfremden Menschen: In allen täglichen Situationen, in denen du negative Gefühle wie Wut, Traurigkeit, Verzweiflung, Angst, Neid, Missgunst, Anklage, Abwertung, Urteil oder Sorge in dir spürst, sind negative Gedanken der Auslöser für diese deine Gefühle. Aus diesen Gefühlen heraus reagierst du nicht aus dem gesündesten und heilsamen Aspekt deiner Seele heraus, sondern aus dem trennenden Ego, das nur an sich und seine Bedürfnisse denkt. Mit SNAP! weckst du deine Willenskraft und lernst die große Kraft kennen, die dich authentisch macht.

Drei Calls und drei Atemtechniken verbinden deinen Körper mit Geist und Seele

1. **SNAP!** Ich bin WACH und nehme meine Gedanken und Gefühle wahr. **Ich aktiviere meinen Körper.** Atemtechnik: HOLY EXHALE (Heiliges Ausatmen).

2. **SNAP!** Ich bin LIEBE und kläre meine Gedanken und Gefühle. **Ich aktiviere meinen Geist.** Atemtechnik: HEART INHALE (Herzeinatmung).

3. **SNAP!** Ich bin in VERBINDUNG mit meiner Seele und vertraue ihrer Führung. **Ich aktiviere meine Seele.** Atemtechnik: ALL IS ONE (Alles ist eins).

Mit diesen drei einfachen Sätzen (Calls) nimmst du deine Absichten, dein Bewusstsein, deine Liebe und den Frieden deiner Seele in die eigene Hand. Wie du mit SNAP! ganz bewusst eine neue Absicht wählst und das Gehirn neu programmierst, ist wirklich sehr einfach. So einfach, dass du vermutlich denkst: »Das kann doch nicht so einfach sein!« Doch! So einfach ist es. Die Wahrheit, die dich frei macht, ist einfach. Es gibt nur ein großes Geheimnis, warum all unser Wissen nicht zu den gewünschten Ergebnissen führt: Wir haben unser Wissen nicht angewendet, nicht oft genug wiederholt und daher nicht zu unserem Seinszustand gemacht.

»Wissen wendet sich nicht von selbst an, du darfst es tun!« Dieser Satz wird dir in diesem Buch in verschiedenen Ausführungen begegnen, bis du ihn verstehst und lebst.

SNAP! ist der Hammer, der den Nagel in die Wand schlägt und an dem du ein authentisches Bild von dir aufhängen kannst. Du darfst es tun. Mit jedem Konflikt programmierst du deine Negativität (Ego/Angst/Trennung) in Positivität (Seele/Liebe/Verbindung) um. Anfänglich ist es vielleicht für dich so, als würdest du nicht sehr tief in die Positivität und die dementsprechenden Gedanken und Gefühle kommen, aber genau das ist dein Training. Je mehr du trainierst, umso tiefer tauchst du in die Positivität deiner Seele (Liebe/Verbindung) ein. SNAP! holt dich in der Bewusstseinsfrequenz ab, in der du dich gerade befindest, und gibt dir ein Werkzeug an die Hand. Du musst dich verändern wollen und kontinuierlich daran arbeiten, um deine Negativität loszuwerden. Bist du bereit, sie zu entdecken? Hast du Konflikte? Dort findest du deine Widerstände am schnellsten! Du bist es, die sich mit einer klaren Absicht auf der Seinsebene verändert. Du bist es, die sich selbst erhebt und aus der Unbewusstheit hinaus rettet, um noch liebevoller, noch authentischer, ganz in deiner Mitte und du selbst zu sein. Wer könnte das sonst für dich tun?

Die Lösung (ist immer Liebe)

TATÜTATA! PALIM! PALIM! Es ist mal wieder so weit: Du gerätst in einen Konflikt, eine Meinungsverschiedenheit, eine Diskussion mit dir selbst oder ärgerst dich über einen Mitmenschen. Wie oder mit wem, ist egal. Doch eins steht fest: Du hast dich in die Frequenzen von Wut, Traurigkeit oder Angst gebracht oder bringen lassen. Durch deine negativen Gedanken sind Gefühle entstanden, und du hast dich in eine wütende, ängstliche, traurige oder verurteilende Haltung gebracht. Ob du dich nun selbst oder durch jemand anderen in einen niedrigen State (Ego) hast bringen lassen, ist unwichtig. Wichtig ist: Deine negativen Gedanken erzeugen deine negativen Gefühle. Du bist – und zwar wortwörtlich – freiwillig zur Hölle gefahren! Jedenfalls fühlt es sich gerade schrecklich in dir an. Aufgrund der Situation, denkst du – aber die Situation ist gar nicht schrecklich. Das Schreckliche hast du dazu gedacht. SNAP! 1 ist deine bewusste Entscheidung, eine Aktivierung deines freien Willens, um mit deinem wachen Bewusstsein deine negativen Gedanken und Gefühle zu erkennen und anzunehmen. Wisse, dass du in diesem Moment negative Gedanken denkst und negative Gefühle fühlst.

Du brauchst nur mit den Fingern zu schnippen!

Der einzige Mensch auf der Welt, der dich von der Negativität befreien kann, bist du selbst. Was auch passiert, die Situation ist so, wie sie gerade ist. Deine negativen Gedanken über die momentane Situation erzeugen negative Gefühle in dir.

1. Du SNAP!st das erste Mal

In diesem Moment fallen dir deine negativen Gedanken oder Gefühle auf und, ohne darüber nachzudenken, schnippst du mit den Fingern und sprichst oder flüsterst den ersten Call: »Ich bin WACH und nehme negative Gedanken und Gefühle wahr.«

Durch das akustische Signal deiner eigenen Hand katapultierst du dich in deinen Körper, weckst deinen freien Willen und erhältst sofort Zugang zu deinem Unterbewusstsein. Dein Gehirn lädt in Lichtgeschwindigkeit alle Informationen herunter, die du bereits im Vorfeld mit SNAP! gesammelt hast. Durch das Lesen dieses Buches. Durch das Einüben der Atemtechniken sowie durch das Praktizieren der Meditationen mit den SNAP!-Symbolen. Nun beginnt dein Training. Von nun an musst du keine Angst mehr vor Konflikten haben. Du wirst freudig ausrufen: »Juhu! Endlich ein Konflikt!« Nie wieder wirst du dich vor einer Auseinandersetzung drücken und sie vermeiden wollen. Das wäre Verschwendung! All die Konflikte, die wir ungenutzt haben verstreichen lassen. Jedes Problem ist eine große Chance, das Seminar mit dir selbst kann mit jedem Konflikt beginnen.

Drei supereffektive Methoden in einer Technik

> *»At any given moment, you have the POWER to say:*
> *This is NOT how the Story is going to END.«*
> (Übersetzung: In jedem Moment hast du die MACHT zu sagen:
> Dies ist NICHT das ENDE der Geschichte.)
> Christine Mason Miller

Durch das Prinzip »Learning by doing« weckst du dein Unterbewusstsein immer schneller auf, und die SNAP!-Calls entfalten ihre tiefe hypnotische und meditative Wirkung. Nun ist der Augenblick gekommen: Du hast negative Gedanken oder Gefühle, und alle diese Infos fangen an zu leben. Wow, das ist so cool! Du machst dir in diesem Moment deine eigene Unbewusstheit bewusst und studierst dich sozusagen selbst, von innen nach außen. Das ist einfach fantastisch! Weil das, was du auf diese Weise tust, dir sofort deine Macht der Wahl zeigt. Deine Gedanken und Gefühle erschaffen dein Leben und deine Realität. Durch viele Jahrhunderte hindurch haben Menschen ihre negativen Realitäten erzeugt. Es liegt jetzt buchstäblich in deiner Hand, positive Realitäten zu erzeugen.

Mit SNAP! erhebst du dich von einem niederen Seinszustand in einen höheren, das bedeutet, du begibst dich willentlich in eine höhere Frequenz. Du verlässt die Frequenz, auf der das Problem bestehen kann. Du wendest dein Wissen an und wirst von Mal zu Mal besser darin. Es gibt kaum etwas Erfolgversprechenderes: Was mit dem simplen Schnippen deiner Finger beginnt, ist eine Kombination dreier der effektivsten Methoden der Menschheit, die dein Verhalten nachhaltig verändern können: neurolinguistisches Programmieren (NLP), Selbsthypnose und Meditation. Durch SNAP! findet eine Interaktion zwischen dem Gehirn (neuro), der Sprache (linguistisch), dem Körper und deiner Seele statt. Körper und Geist werden mit dieser einfachen Technik miteinander verbunden und auf die Seele eingestimmt. Die Stimmgabel für den richtigen Ton bist du selbst.

Du wirst von Mal zu Mal enorme Verbesserungen spüren. Es beginnt mit deiner positiven Ausstrahlung und einer positiven Haltung in deiner derzeitigen Lebenssituation. Mit SNAP! programmierst du dich von Tag zu Tag, von Konflikt zu Konflikt stets neu und hast immer die aktuelle und verbesserte Version von dir »downgeloaded«. Du aktualisierst somit dein Energiefeld von Konflikt zu Konflikt neu. Beim ersten Fingerschnippen bist du **WACH** und weißt, in welch niedrigem Energiezustand du dich gerade befindest. Du weißt, dass es ab jetzt und ohne deine Kontrolle nur noch tiefer nach unten in dein Ego gehen kann.

Du bist vollkommen präsent im Hier und jetzt und beginnst, bewusst und ohne Widerstand wahrzunehmen. Es ist eine Transmutation (Umwandlung) aus dem Unterbewusstsein in das bewusste Sein.

SNAP! DER ABLAUF

Hier gebe ich dir kurz einen Überblick über die ganze Methode, später erfährst du noch mehr über die Atemtechniken und die Symbole.

ERKLÄRBOX: DIE DREI CALLS

Trainiere jede der drei Atemtechniken täglich etwa 10 Minuten, bis sie dir in »Fleisch und Blut« übergegangen sind, wie ein Soldat, der in Friedenszeiten für den Ernstfall trainiert. Dein Ernstfall ist ein Konflikt, in dem negative Gedanken und Gefühle aktiv sind und du die SNAP!-Sätze und die Atemtechniken zur Frequenzerhöhung anwendest.
Es gibt drei Kürzel für die drei Calls: **|** für den ersten, **÷** für den zweiten und **O** für den dritten Call. Du kannst das Symbol für den jeweiligen Call auf deine Handfläche oder auf den Zeigefinger schreiben – wie beim Spicken in der Schule.

Der erste SNAP!

SNAP! Nummer 1: Schnippe mit den Fingern einer Hand, dann sprich den ersten Call laut aus:

Ich bin WACH! und nehme meine Gedanken und Gefühle wahr. Eine vertikale Linie ist das Kürzel für den ersten Call: |

Atemkontrolle: Du atmest dreimal mit der ersten Atemtechnik HOLY EXHALE (Heiliges Ausatmen) ein und aus (siehe Seite 49), bevor du zum zweiten SNAP! übergehst.

Bewusstsein: Mit diesem ersten SNAP! weckst du deinen freien Willen und bist absolut präsent in der Situation. Du nimmst wahr und erkennst deine eigene negative Energie, die in Form von negativen Gedanken und Gefühlen in dir aktiv ist. Damit sorgst du für einen klaren Geist und für ein aufmerksames Bewusstsein. Du siehst den Moment, wie er gerade ist. ES IST, WIE ES IST.

Mit dem zweiten und dritten SNAP! dringst du immer tiefer in dein Unterbewusstsein vor, je mehr du SNAP! anwendest und übst. Die SNAP!-Methode ist für deinen Geist wie eine Hantel für den Bizeps: Je öfter du die Hantel stemmst, umso kraftvoller wird der Muskel. Je mehr du SNAP! in Konflikten anwendest, umso bewusster, liebevoller und freier wirst du sein. Mit dem ersten SNAP! aktivierst du dein Bewusstsein und machst dich hellwach für den Augenblick. Du bist vollkommen präsent, absolut bei dem, was gerade ist und was passiert. Du bist im Hier und Jetzt bei dir. Bewusstsein muss eine bewusste Entscheidung sein. Keine bewusste Entscheidung zu treffen würde bedeuten, dass dein Unterbewusstsein mit dem Ego die Regie übernimmt, mit dem Autopiloten deiner alten Programme und Gewohnheiten deines Gehirns.

Ziel: Du bist mit deiner ganzen Präsenz in der Situation und aktivierst deinen freien Willen. Du weckst dich auf, um Bewusstsein zu wählen.

Holy Exhale (Heiliges Ausatmen): Lang ausatmen und kurz halten

Du atmest durch die Nase tief ein und so lange wie möglich durch den geöffneten Mund mit einem Hauchen aus: HAAAAA... Atme so lange aus, bis keine Luft mehr in deiner Lunge ist. Am Ende des Hauchens machst du eine ungefähr 3-sekündige Atempause. Dreimal wiederholen.

Anschließend folgt SNAP! Nummer 2.

Der zweite SNAP!

SNAP! Nummer 2: Erst ein SNAP! mit den Fingern, dann der zweite Call:

Ich bin LIEBE und kläre meine Gedanken und Gefühle. Zwei Horizontal übereinanderliegende Linien mit jeweils einem Punkt darüber und darunter, ist das Kürzel für den zweiten Call: ≑

Atemkontrolle: Du atmest mindestens dreimal mit der zweiten Atemtechnik HEART INHALE (Herzeinatmung) ein und aus (siehe Seite 54), bevor du dann zum dritten SNAP! übergehst.

Bewusstsein: Mit dem zweiten SNAP! nimmst du die Situation ohne Widerstand gegen das an, was gerade in dir und außerhalb von dir passiert. Du betrachtest deine negativen Gedanken und Gefühle als Energiefeld in dir. Du nimmst deine Gefühle vollkommen an, indem du sie in dein Herz hineinatmest. Du fühlst die Formen der Angst – Ärger, Wut, Zweifel, Traurigkeit – und nimmst ganz bewusst die Haltung des Beobachters ein.

In einem Problem oder Konflikt mit anderen beobachtest du die Situation und wie sich deine negativen Gedanken und Gefühle zeigen. Den Widerstand loszulassen bedeutet, dass du dich nicht mit dem identifizierst, was du im Moment denkst und fühlst, etwa durch Gedanken wie »Das sollte er oder sie nicht sagen« oder: »Das darf jetzt nicht geschehen«. Es ist im Augenblick so, wie es ist. Der oder die andere reagiert bereits aus dem Ego, wirft dir etwas vor, beschuldigt dich oder wertet dich ab.

In einem Konflikt mit dir hast du zweifelnde, abwertende, sorgenvolle, negative Gedanken über dich selbst. Du gibst den Widerstand gegen die Gedanken und Gefühle in der Situation auf und schaffst dir damit einen Raum, in dem Liebe entstehen kann. Deine negativen Gedanken und Gefühle beginnen, sich in der Liebe von der Negativität zu entladen. In der Liebe löst sich jede Form der Angst auf. Du neutralisierst die Negativität ohne Widerstand und im Akzeptieren der Situation. Du löst dich von deiner Identifizierung mit negativen Gedanken und Gefühlen. Eine Gegenwärtigkeit stellt sich ein, die das Ego reduziert. Du nimmst entschlossen eine innere Haltung der Akzeptanz ein, bist eins mit dem, was in diesem Moment ist. Du bist bewusst im gegenwärtigen Augenblick und gebietest deinem Ego auf diese Weise Einhalt, auf der negativen Welle weiter nach unten zu schwingen und alles mitzureißen, was nicht niet- und nagelfest ist. Zu Beginn wirst du immer wieder sehr leicht ins Ego fallen, aber das ist dein Lernprozess. Habe Geduld mit dir! Ich möchte dir einen guten Tipp geben: Lache! Lach dich schlapp! Über deinen Gesichtsausdruck oder das, was du alles sagst, wenn du fett im Ego bist. Es ist so köstlich! Humor ist das, was dir am meisten hilft, wenn es allzu ernst und festgefahren wird.

Mit dem zweiten SNAP! erkennst du deine negativen Gedanken und Gefühle und machst dich innerlich frei davon. Du realisierst, dass du von einer Emotion bestimmt wirst, hinter der in der Tiefe die Angst und das Ego stehen. Mach dich von diesen Gefühlen frei und wähle die Liebe! Jeder deiner Gedanken, jedes deiner Worte und jede deiner Taten entspringen einem dieser beiden Pole – Liebe oder Angst. Du allein bestimmst, in welche der beiden Richtungen du gehst und welche Absicht du dir wählst. Du wählst im zweiten SNAP! bewusst die Liebe mit ihrer Freude und ihrem Frieden als Gegenpol zu Angst und Wut.

Ziel: Du bist voller Akzeptanz und neutral, weil du keine Seite einnimmst. Weder deine Seite (dein Ego) noch die Seite der Person, mit der du den Konflikt hast. Du rufst dich ganz klar dazu auf, die Liebe zu wählen.

Heart Inhale (Herzeinatmung): Tief ins Herz atmen

Achte hier besonders auf deine Einatmung: Atme deine Gefühle und Gedanken tief in dein Herz hinein und von Negativität befreit wieder aus. Visualisiere, wie du deine negativen Gefühle ins Herz fließen lässt, sie dort in Liebe neutralisierst und anschließend über die Füße in die Erde ausatmest.

Übe diese Atmung täglich 10 Minuten (siehe dazu auch die Erklärbox auf Seite 52), damit du im Ernstfall genau weißt, wie du atmen solltest.

Wichtig: Denke an deine Körpersprache und achte stets auf eine aufrechte Haltung. Deine Wirbelsäule ist gerade, das Kreuzbein leicht nach vorn ausgerichtet. Deine Haltung drückt nun Selbstsicherheit, Präsenz, Aufmerksamkeit und Intelligenz aus. Du atmest voll und tief in deinen Bauchraum und von dort ins Herz. Beim Einatmen wölbt sich dein Bauch nach vorn, beim Ausatmen zieht sich dein Bauch nach innen. Auf der einen Seite willst du, dass sich dein Körper entspannt, auf der anderen Seite willst du deine negativen Gefühle in dein Herz atmen. Du atmest mit Energie und aufmerksam auf den Atem achtend, egal, welche Gedanken und Gefühle es sind, die dich mitreißen wollen. Jetzt bist du dabei, deine Energie zu erheben.

Der dritte SNAP!

SNAP! Nummer 3: Erst ein SNAP! mit den Fingern, dann der dritte Call:

Ich bin in VERBINDUNG mit meiner Seele und vertraue ihrer Führung. Ein Kreis ist das Kürzel für den dritten Call: O

Atemkontrolle: Du atmest dreimal mit der dritten Atemtechnik ALL IS ONE (Alles ist eins) ein und aus (siehe Seite 56), bevor du zu deiner normalen Atmung zurückkehrst.

Bewusstsein: Du gehst mit dem dritten SNAP! in Verbindung mit dem heilsamen Aspekt deines ureigenen Wesens, deinem authentischen Selbst. Du nimmst deine wahre Größe an und vertraust deiner Kraft. Der Konflikt, den du gerade bewältigst, lässt dich erkennen, was du in dir zu heilen hast. Hier verbindest du Körper und Seele miteinander. Du überwindest dein Ego, ohne zu wissen, wie es zu tun ist. Mit dem dritten SNAP! wählst du deine Seele und ihre Hingabe an das Göttliche. Es spielt keine Rolle, wie du diese höhere Kraft nennst. Verbinde dich mit der Energie, die höher und mächtiger ist als deine eigene. Geh in die Verbindung mit GOTT und allem, was ist. Mit deiner Seele in der Liebe und der Liebe in deiner Seele. Erschaffe dir das Gefühl der Freude, gib dein Bestes. Auch wenn es dir vielleicht anfänglich wie eine schauspielerische Höchstleistung vorkommt, weil es sich für dich noch nicht authentisch genug oder »künstlich« anfühlt.

Übe dies, bedenke, dass du von einer niederen Energie in die höchste, in die Liebe, gelangen willst und dass du dich genau jetzt auf den Weg dorthin begibst. Um Liebe wirklich fühlen zu können, müsste dies bedeuten, dass du sofort in ihrer Frequenz schwingst. Die Intensität der Liebe nimmt mit Anwendung und Übung zu. Es gibt keine Abkürzung zu einer höheren Energie. Irgendwann im Leben eines jeden Menschen kommt der Tag, an dem wir uns entscheiden müssen: Sind wir ein spirituelles oder ein biologisches Wesen? In letzterem Fall sind wir nichts anderes als eine Anhäufung von Zellen, die zu irgendeinem Zeitpunkt durch die Launen der Natur zu leben beginnen und irgendwann sterben. Das Leben dieser Zellen wird von den Gesetzmäßigkeiten der Natur bestimmt, von Trieben, Bedürfnissen und dem Schicksal. Solch ein Leben ist vollkommen bedeutungslos, es beginnt aus dem Nichts und endet im Nichts.

Wahrscheinlich spürst du schon beim Lesen der letzten Sätze, dass das nicht alles sein kann. Und bereits in diesem Moment triffst du die Entscheidung, an eine höhere Macht und Kraft zu glauben. Dies war dir allerdings bis jetzt noch nie so bewusst. Bisher hast du mit einer höheren Kraft geliebäugelt, dich ihr jedoch noch nicht mit ganzem Herzen hingegeben. Denn letztlich gibt es nur zwei Möglichkeiten, das Leben zu leben: Du kannst an eine große Kraft glauben oder nicht. Doch bedenke bitte: In beiden Fällen glaubst du. Glauben oder nicht glauben ist beides Glauben. Der Unterschied besteht in der Freude, die du erfährst, wenn du die Kontrolle über ein Leben, das du nicht kontrollieren kannst, aufgibst.

Ja, ich wiederhole mich, du wirst beim SNAP!pen immer wieder ins Ego fallen. Das ist kein Weltuntergang, sondern das ist die Übung. Beobachte dich, sei Zeuge dessen, was geschieht, und entwickle Geduld mit dir, wenn du ins Ego abrutschst und es wütend, aus der Opferrolle oder höhnisch zurückschlägt. Achte auf die kleinsten Wirkungen und Veränderungen in dir. Das Gehirn kann nur von dir selbst positiv umprogrammiert werden. Niemand vermag das für dich zu tun, aber du kannst jederzeit eine höhere Kraft rufen und um Hilfe bitten. Aller Anfang ist ungewohnt, und erst mit der Gewohnheit (Wiederholung) kommen die Erfolge. Dein Körper wird deinem Geist folgen. Lass jede Erwartung los, verliere alle Ergebnisse aus den Augen. Und behalte bitte, bei aller Ernsthaftigkeit der Situation, deinen Humor! Dank SNAP! wirst du dir nun deiner selbst bewusst und mehr zu lachen haben als jemals zuvor. Vertraue dem Prozess.

Ziel: Du bist voller Vertrauen in deine wahre Größe und eine höhere Führung und schenkst damit deiner Persönlichkeit die Verbindung mit deiner Seele. Du rufst dich auf, die Freiheit und das Urvertrauen deiner Seele zu wählen.

All Is One (Alles ist eins): Den Atem besänftigen

Während du in SNAP! Nummer 3 bist, atme dreimal ganz bewusst sowie VOLL und TIEF ein und aus und besänftige deinen Atem. Das bedeutet: Beobachte deinen Atem und lass ihn ruhig und sanft ein- und ausströmen. Jede Angst wird sofort in deinem Atem spürbar. Deshalb lass deinen Atem ganz langsam und bewusst in Ruhe und Sanftheit ein- und ausströmen.

Übe diese Atmung täglich 10 Minuten (siehe dazu auch die Erklärbox auf Seite 52).

Nicht vergessen: Atme und übe dich darin, deine geistige Klarheit und RUHE ZU BEWAHREN. Das ist dein neues Programm. Lerne die drei Calls auswendig, wende die Atemtechniken an und beginne mit deiner Transformation.

> *»Mens agitat molem.«*
> (Der Geist bewegt die Materie.)
> Vergil, Dichter und Epiker (70–19 v. Chr.)

Und jetzt?

Du wirst nach dem dritten SNAP! ruhiger und klarer auf dein »Problem« und die intensiven Erfahrungen reagieren, nämlich aus dem gesündesten Anteil deiner Persönlichkeit in Verbindung mit deiner Seele heraus – eine friedliche und liebevolle Reaktion. Das Problem ist nicht sofort weg, aber du behältst ein offenes Herz, um Lösungen wesentlich entspannter herbeizuführen. In der Gegenwärtigkeit deines Seins, mit einem klaren Geist und Zugang zu deiner inneren Weisheit reagierst du friedlich ohne Widerstand und der Situation immer vollkommen angemessen. Auslöser von außen, Trigger und Schmerz zeigen dir den Weg zu deinen Wunden. Es ist eine Aufforderung deiner Seele, dir Heil zu bringen. Das bedeutet, dir das Unterbewusste bewusst zu machen. Heil zu werden bedeutet infolgedessen, dass Unterbewusstsein und Wachbewusstsein irgendwann im Laufe deiner Inkarnationen eins werden. Doch bis dahin gibt es noch eine Menge Möglichkeiten in deinem Leben, Liebe, Freude und Freiheit zu sein und dich deiner Größe als würdig zu erweisen. Je mehr du SNAP! praktizierst, umso mehr wird sich die Technik in dein System einprägen und umso mehr Liebe und Bewusstsein bringst du in dein Verhalten und deine Handlungen. Das ist die Macht deiner Persönlichkeit, die in Verbindung mit ihrer Seele ist und in der Welt ihr alltägliches Übungsgelände hat.

Nur im Sein ist Wissen Macht

Keine Frage, du hast jederzeit die Macht, dich dem, was ist, zu stellen, mit deinem freien Willen aus deinen unbewussten Programmen zu SNAP!pen und deine Entscheidungen mit klarem Geist zu treffen. Oder du kämpfst so ohnmächtig weiter wie bisher und lässt deinen unkontrollierten Gedanken und Gefühlen freien Lauf, um dich über alles Mögliche aufzuregen. Über die Politik, über Hinz und Kunz, Krethi und Plethi, deine Eltern, Geschwister, Freunde, Nachbarn, Kollegen oder über wildfremde Menschen. Du regst dich über sie auf, weil sie etwas tun oder sagen, was deiner Meinung nach nicht richtig und nicht rechtens ist, oder weil du dich persönlich angegriffen fühlst.

Hast du dir schon mal die Frage gestellt, wer und wie du bist, wenn jemand anderer Meinung ist? Hast du dich bei deinen vielen Reaktionen selbst beobachtet? Hast du dir vielleicht sogar schon öfter vorgenommen, das nächste Mal, wenn du in einem Konflikt bist, mehr Ruhe zu bewahren? Dir vorgenommen, mit großer Gelassenheit nichts mehr persönlich zu nehmen und aus dem Herzen heraus zu reagieren? Und dann – FANFARE! – ging das Ganze wieder fürchterlich in die Hose. Glaub mir, es geht mir auch immer wieder so und den meisten anderen Menschen ebenfalls. Immer wieder von vorn! Noch 'n Versuch! Wir versuchen, souverän zu sein, gelassen zu bleiben, liebevoll zu reagieren und Entgleisungen anderer zu verzeihen. Und dann passiert es. Jemand erwischt uns genau dort, wo's wehtut, uns empört, aufregt, mitten in die offene Wunde, die irgendwo im Innern munter vor sich hin suppte, ohne dass wir es geahnt hätten. Hui! Die inneren Gäule sind nicht mehr im Zaum zu halten und mit lautem Gewieher galoppieren sie uns davon! So schnell können wir gar nicht gucken. HO! HO! Ruhig, Brauner, Schimmel und Rappe! Haaalt, stopp! Vergebens, sie sind nicht mehr zu halten! Und weg sind sie mit unseren guten Vorsätzen und in einer riesigen Staubwolke, die uns blind macht und eskalieren lässt.

Na, da sag ich doch: Herzlich willkommen, werte Eskalation auf zwei Beinen, in der Schule des Lebens! Schlag ein, meine Liebe, denn wir sitzen alle auf einem wilden Gaul! Mit ein bisschen Glück so um die 100 Jahre. Plus oder minus. Und ich sag's auch ganz leise, weil irgendwie niemand das gerne hören mag: Unsere Seele wählt die Erfahrungen, und die Persönlichkeit wählt die Richtung (Absicht), in die wir uns vergaloppieren. Viele Prüfungen erwarten uns im Evolutionsprozess der Seele, und wir können in der Tat wählen, ob wir durch Weisheit oder durch Schmerz lernen.

Kein Richter, kein Kläger

Da wir alle einen freien Willen besitzen, kannst du damit fortfahren und einen oder mehrere Menschen oder Institutionen suchen, die an deinem Unglück schuld sind und deiner Ansicht nach alle deine »leidvollen Prüfungen« verursacht haben. Bis es dir irgendwann dämmert, dass du auf diese Weise ein sehr selbstgerechtes Leben mit endlosen Konflikten führen wirst. Du bist jedoch ein machtvolles Wesen, und deine Gedanken und Gefühle sind es ebenso. Das mal ganz abgesehen davon, ob du in bestimmten Situationen mit deinen Ansichten nun recht hast oder nicht, denn darum geht es bei SNAP! nicht. Wir sitzen weder als Richter noch als Kläger vor dem hohen Gericht. Kein Mensch wird abgewertet, angeklagt oder verurteilt, nur weil er auf diesem oder jenem Gebiet noch nicht viel oder kaum ein Bewusstsein hat. Er wird aber auch nicht in seinem Halbwissen überbewertet, und wenn er sich willkürlich vor der ganzen Wahrheit verschließt, obwohl er wichtige Informationen erhalten hat, dann zeugt das bloß nicht von der ehrlichen Absicht, dass er mehr Liebe in die Welt bringen will.

Rückwärts verstehen

Haben wir vergessen, woher wir kommen? Was ist mit unseren eigenen vergangenen negativen und verletzenden Handlungen? Die Fehler, die wir ehemals für richtig hielten und von denen wir nun wissen, dass es wichtige Lernprozesse für uns waren? Was ist mit den egoistischen und verletzenden Entscheidungen unseres Lebens? Was ist mit dem, was wir anderen Menschen und anderen Wesen angetan haben? Das Ego von damals war noch viel stärker als das von heute, und unsere eigenen Bedürfnisse waren wichtiger als die Bedürfnisse der anderen. Und wehe, wenn wir nicht bekamen, was wir wollten! Im Namen der Liebe haben wir gewütet, gehasst, verdammt, verflucht, verurteilt und gelogen und wussten erst viel später, dass das alles andere als Liebe war. Und wir tun es immer noch. Wann wollen wir lernen, den freien Willen anderer Wesen ehrfurchtsvoll zu respektieren? Vorausgesetzt, dass niemand ernsthaft an Leib und Leben Schaden nimmt. Wie oft war das, was wir nicht bekommen haben, ein ganz großer Glücksfall für uns? Wir haben nicht bekommen, was wir wollten, sondern das, was wir zur Vertiefung brauchten. Wir sind daran gewachsen und gereift. Ja deshalb ist das Leben rückwärts betrachtet wohl am besten zu verstehen.

Übernimm Verantwortung

Es geht hier um dein Leben und um etwas, das dein Leben bestimmt. Es sind deine Energie und dein Verhalten, dir und anderen Menschen gegenüber. Die Umstände mögen sehr schlecht sein, aber deine Reaktion kann alles verändern. Du kannst etwas verbessern oder verschlechtern. Du hast die Wahl oder die Qual und kannst Licht in eine Situation bringen oder eben viel Dunkelheit. Ich muss es immer wieder sagen: Du hast jederzeit die Kraft zu sagen: So endet diese Geschichte nicht! Indem du dein eigener Wecker bist und WACH wirst und deiner eigenen Negativität ein Ende setzt. Wie auch immer du dich entscheidest, du bist Licht und Schatten. Du bist die Ursache und du nimmst Teil an der Wirkung. Es gibt Menschen, die sich schon so sehr an ihr Leid mitsamt Geschimpfe, Geläster und Gejammer gewöhnt haben, dass es ein Teil ihrer Persönlichkeit geworden ist und sie im Schatten förmlich zu Hause sind. Sie fühlen sich richtig wohl darin und richten ihre Aufmerksamkeit auf die Dunkelheit, nicht auf das Licht in den Menschen und Situationen. Das, was du bei anderen siehst, ist das, was deine Seele in dir wahrnimmt und dein Ego nicht wahrhaben will. Was du bei anderen kritisierst, zeigt nur, wie wenig du über dich selbst weißt.

| *SNAP! dir selbst das Licht an!*

Verrückt? Gut!

Du wirst jetzt vielleicht denken: Ach, also, hm, nö, das klingt alles schön und gut, aber wenn ich mitten in einem Konflikt mit jemandem bin, soll ich dann vor ihm oder ihr mit der Hand schnippen und seltsame Sätze vor mich hin murmeln? Die anderen könnten ja denken: Die ist ein bisschen plemplem, und besorgt den Notarzt rufen! Keine Sorge, in Konfliktsituationen oder im Streit ist es nie verkehrt, kurz die Showbühne der Egos zu verlassen. Am besten tust du das, indem du sagst: »Ich muss mal eben an die frische Luft.« Das versteht sofort jeder. Geh also raus. Tut einfach gut. Ahh, Sauerstoff! Nutze die wunderbaren Elemente unserer großen Mutter Erde. Sich, wenn möglich, einer negativen Situation zu entziehen und erst mal tief durchzuatmen ist auch psychologisch sehr hilfreich. Wenn dies nicht möglich ist, kannst du die Calls auch flüstern oder intensiv denken. Jetzt kannst du SNAP!pen, ohne das Gefühl zu haben, dass du für ein bisschen gaga gehalten wirst. Wobei: Frage dich, was daran so schlimm wäre, für verrückt gehalten zu werden. Geh davon aus, dass du, da du dieses Buch liest, auf einem sehr guten Weg zu dir selbst bist. Wenn das für jemanden verrückt ist, dann ist das in Zukunft ein Riesenkompliment für dich. Denn es sind nur Menschen wie du, die Verrückten, die wenigen, die ganz bewusst mehr Liebe in ihre Handlungen bringen wollen und nicht nur darüber reden, sondern es einfach mit Liebe TUN. Das ist so ungeheuer mutig, und ich danke dir für deinen Mut.

Learning by Doing

Alles, was du zu tun hast, ist, diese Technik im Alltag zu üben, sie anzuwenden und immer wieder deine Aufmerksamkeit auf die tiefere Bedeutung der drei Sätze zu richten, sie zu verinnerlichen. Achtung, jetzt kommt das einzige MUSS in diesem Buch: Du musst die drei Sätze und die Atemtechniken auswendig lernen, sodass die Calls und der Atem wie aus der Pistole geschossen aus deinem Munde kommen. Beim Einüben darfst du sie dir einprägen und am besten laut aussprechen oder flüstern – also nicht nur gedanklich einüben! Danach wirst du sie deinem Unterbewusstsein in mehreren Etappen einprogrammieren, befehlen und den Call (Aufruf) zum Befolgen anweisen. Bis dir die Methode in Fleisch und Blut übergegangen ist. Du kannst es so ernst und entschlossen machen wie deine täglichen Work-outs, die deine Muskeln wachsen lassen.

Bei all unserem Tun vergessen wir den Geist, und wir zerstreuen uns mit noch mehr Wissen. Unser enormer Wissensdurst ist zu einer richtigen Sucht geworden. Es ist die unbewusste Suche nach reinem Bewusstsein, die uns antreibt und uns vortäuscht, dass wir dafür noch mehr wissen müssen. Wir glauben, mit mehr Wissen könnten wir unsere Angst und Wut besiegen, doch das ist ein Irrtum. Angst und Wut lassen sich nur mit Liebe auflösen, am besten dort, wo sie stattfinden, in den Kleidern, die du ihr anziehst für die negativen Events in deinen Beziehungen.

Die drei SNAP!-Symbole zur Konzentration, Vertiefung, Visualisierung und Meditation

ERKLÄRBOX: GEFÜHLE NEUTRALISIEREN

Wenn du im zweiten SNAP! genau weißt, welche Gefühle in dir gerade präsent sind, kannst du diese exakt im Call für dich benennen. Etwa so: Ich bin LIEBE und neutralisiere Neid und Arroganz in mir.

Wenn du die Gefühle nicht exakt benennen kannst, sprich den Call aus, wie er im Original ist. Du lernst, dich mit den nächsten SNAP!s immer besser zu beobachten, dadurch zu personalisieren und deine vorhandenen Gefühle oder Gedanken zu erkennen. Du vertiefst deine Praxis ganz von selbst und ganz natürlich von Mal zu Mal. Fasse dich jedoch kurz mit der Benennung deiner Gefühle. Verfange dich nicht in deinen Gedanken und lass dich nicht von der Emotion wegtragen! ATME DEINE GEFÜHLE IN DEIN HERZ. Egal, welche Gefühle es sind – du neutralisierst sie und befreist dich von der Negativität, indem du deine Gefühle annimmst, sie mithilfe deiner Vorstellungskraft direkt in dein Herz hinein atmest, ihnen mit Liebe begegnest und ihnen dadurch immer mehr an Intensität nimmst.

> *»Die Geometrie wird die Seele zur Wahrheit führen und so den Geist der Philosophie erschaffen.«*
> Plato

1. SNAP!-Symbol: Shri Yantra – Ich bin WACH und nehme Gedanken und Gefühle wahr

Das Shri Yantra ist das Meditationssymbol für den ersten SNAP!-Call. »Shri« steht für die Göttin Lakshmi und symbolisiert den Sieg über das Böse, das aus Wut, Angst, Ekel, Gier, Zweifel oder anderen negativen Energien entsteht. Auf diese Weise hilft es jedem, sich von negativen Gefühlen und Empfindungen leichter zu lösen. Es gilt als eines der ältesten geometrischen Symbole der Menschheit, sein Alter wird auf mehr als 12 000 Jahre geschätzt. Seine Form symbolisiert vor allem die Leiter des spirituellen Aufstiegs.

Das Yantra steht für die universale göttliche Kraft und bringt uns wieder mit der Seele in Verbindung. Seine hohe Schwingung wirkt stimulierend und harmonisierend auf die individuelle Bewusstseinsfrequenz eines jeden Menschen. Der Punkt in der Mitte wird Bindu genannt und steht für den Anfang aller Dinge. Das Yantra unterstützt jeglichen Neubeginn, beschert Erfolg in allen Dingen und unterstützt eine Verbesserung der Lebensumstände. Es vereint mit seinen vier mit der Spitze nach oben zeigenden Dreiecken die männliche Kraft und Energie des Universums, Shiva, mit der weiblichen Energie und Kraft, Shakti, die durch die fünf nach unten weisenden Dreiecke symbolisiert wird. Shakti nennt man auch die Kraft, die die Willenskraft stärkt.

Wenn du mit dem Shri Yantra meditierst, können sich alle seine verborgenen Kräfte in dir entfalten. Es segnet den Meditierenden mit einer tiefen inneren Ruhe und Zufriedenheit und zieht damit Erfolg, Freude und Wohlstand an. Das Shri Yantra offenbart dir dein wahres göttliches Wesen.

Affirmation: Ich bin WACH. Mein freier Wille ist aktiv. In jedem Moment habe ich die Kraft, aufzuwachen und mir dessen, was ist, bewusst zu sein. Ich bin bis in die kleinste Zelle meines Körpers anwesend. Ich bin im Hier und Jetzt vollkommen präsent und WACH. Ich entscheide mich, im höchsten Maße bewusst und präsent zu sein und die Kontrolle über meine Gedanken und Gefühle zu übernehmen.

2. SNAP!-Symbol: Der Würfel des Metatron – Ich bin LIEBE und kläre meine Gedanken und Gefühle

Der Würfel des Metatron ist das Symbol für den zweiten SNAP!-Call. Es gehört zu den bedeutendsten Elementen der heiligen Geometrie. Es weist dich auf die höhere Ordnung des Universums hin und steht als Symbol für bedingungslose Liebe und Mitgefühl. Das Metatron führt dich in die Intelligenz deines Herzens, damit du die Stimme der Seele, die Intuition, intensiver wahrnehmen kannst. Die Meditation mit dem Metatron hilft dir, dich mit deinem Herzen zu verbinden, die Kraft der Liebe zu fühlen und sie in deine Handlungen zu bringen. Metatron öffnet die Tore deines Herzens und schafft Verbindung mit dem göttlichen Bewusstsein.

Das Energiesymbol versorgt dich mit der Energie und Kraft, die du gerade am dringendsten brauchst. In der Meditation mit Metatron findest du leichter in deine Mitte, im Alltag schneller in die Ruhe und Zufriedenheit. Du kommst in Einklang mit der hohen Energie der Liebe und entwickelst eine tiefere Verbundenheit zwischen deinem Herz und deinem Verstand.

Affirmation: Ich bin LIEBE. Meine Liebe ist aktiv. Mit der Kraft der Liebe neutralisiere ich negative Gedanken und Gefühle. Ich erkenne mein Ego (niederes Selbst) und lerne, es widerstandslos anzunehmen und mit Liebe zu reduzieren. Meine Liebe neutralisiert jeden negativen Befehl und stärkt meinen freien Willen, der mir hilft, negative Einflüsse des Ego zu reduzieren.

3. SNAP!-Symbol: Die Blume des Lebens – ich bin in VERBINDUNG mit meiner Seele und vertraue ihrer Führung

Die Blume des Lebens ist das Symbol für SNAP! Nummer 3, es versinnbildlicht die VERBINDUNG deiner SEELE mit GOTT (bedingungslose Liebe). Die Seele in dir verlangt nach Weisheit. Wenn dieses Verlangen ein tiefer Wunsch in deinem Herzen ist, wird die Absicht Liebe in dir siegen. Wir werden die Gaben und Talente unserer Seele mit unserer Persönlichkeit in die Welt tragen.

Das Symbol der Blume des Lebens ist als Verbindung mit der Präsenz Gottes zu sehen. Es ist deine Erinnerung an eine höhere Dimension und weist auf die Existenz höherer Wesen sowie die Einheit aller Seelen in Gott hin. Die Blume des Lebens symbolisiert die Verbindung deiner Seele mit der Quelle allen Seins. Das Symbol soll uns Menschen daran erinnern, an dem unendlichen Frieden und der Liebe zwischen allen Wesen zu arbeiten. Denn es gibt nichts anderes zu tun. Dieses Symbol darf dir eine Inspiration der Liebe sein und dich an die Unschuld und die Wahrheit deines Wesens erinnern. Deine Seele erteilt dir deine Lernaufgaben, gegen die dein Ego meist Widerstand leistet. Es führt dich stetig in deine tiefsten Täler, immer weiter durch und vorwärts. Im Namen deiner höchsten Evolution. Dein Ego kann dich so lange in seinen niederen State hinabziehen, bis du alle destruktiven Programme in dir entlarvt und aufgelöst hast. Sinn und Zweck der Blume des Lebens bestehen darin, den Frieden der Liebe und die Talente deiner Seele in ihrer äußeren Form, der Persönlichkeit, auszudrücken und in die Welt zu bringen. Sie wird dein Bewusstsein stetig prüfen und es mit Resonanz steigern. Die Meditation mit der Blume des Lebens führt dich zur Erkenntnis des eigenen Seelenplans in diesem Leben.

Affirmation: Ich bin die VERBINDUNG. Meine Seele ist aktiv. In der Einheit mit meiner Seele lebe ich von innen nach außen und lasse mich führen. Die äußeren Umstände und Ereignisse bringen mich zu ihr. Meine Seele ist die Quelle meiner Kraft und hier bin ich zu Hause. Sie schenkt mir Vertrauen, Ruhe und Gelassenheit. Alle Widerstände lösen sich in mir auf und ich agiere aus dem höchsten und gesündesten Anteil meines Selbst. Alles ist eins, weil ich nicht nur meine Gedanken und Gefühle erkenne, sondern in Frieden das Leben durch mich hindurchfließen lasse.

ERKLÄRBOX: YANTRA FÜR DEN PANTHER

Die Meditation mit den SNAP!-Symbolen hat einen nachhaltigen Effekt. Die Eigenschaften und Wirkungen der Symbole prägen sich dir immer tiefer in dein Bewusstsein ein. Du kannst die Eigenschaften im Ernstfall (Konflikt) sofort abrufen. Somit verstärkst du die Wirkung der drei SNAP!-Calls und sie nehmen mit der Zeit höhere Dimensionen an.

Die Wirkung lässt sich am einfachsten so erklären: Dein Geist ist beweglich wie die Linse im Auge eines Panthers, und sobald du die Symbole anwendest, wird dein Fokus trainiert. Immer wacher, schneller, immer präziser und klarer wirst du dein Bewusstsein auf die Absicht und jeweiligen Eigenschaften der Calls lenken. So konzentriert wie ein Panther, der sein Beutetier anvisiert und mit Leichtigkeit und Präzision im Sprung erbeutet.

Bringe das Symbol an einer Wand an. Stelle eine Uhr für den Anfang auf 10 Minuten und setze dich mit gerader Wirbelsäule auf den Boden in einen bequemen Sitz (zum Beispiel den Fersensitz, Lotussitz, Schneidersitz oder auf einen Stuhl, etwa einen halben Meter vor eine Wand). Prana (Lebensenergie) kann mit geradem Rücken leichter auf- und abwärts fließen. Schau, dass dein Meditationsort eine angenehme Temperatur hat und du dich dort wach und wohlig fühlst. Liegen ist denkbar ungeeignet, es soll ja kein Nickerchen werden. Die Hände legst du locker in den Schoß und dein Gesicht schaut geradeaus, auf das von dir zuvor an die Wand angebrachte Symbol. Lasse bei der Meditation deine Willenskraft einschlafen, aber deinen Geist halte wach. Betrachte das Yantra. Fahre die Linien nach. Spüre der Gesamtwirkung nach. Gehe auf Entdeckungsreise in eine andere Dimension. Blinzle so oft wie nötig, um die Augen feucht zu halten. Vielleicht schließt du auch ab und zu die Augen und kannst das Yantra vor deinem inneren Auge visualisieren. Lass Leichtigkeit entstehen. Es ist nicht wichtig, mehr über die Yantras zu wissen. Lass alles Wissen fallen und erkunde die Wirkungen, die sie auf dich haben. Gehe deinen eigenen Weg zur Quelle der Kraft. Die Augen sind das Fenster deiner Seele und mit den Symbolen übst du, es Stück für Stück immer ein bisschen weiter zu öffnen.

Die Yantra-Symbole kannst du dir kostenlos von meiner Homepage herunterladen:
www.rebellabex.de

So wirkt SNAP!

Die Methode aktiviert deinen freien Willen und stärkt deine Willenskraft. Sie führt dich in ein höheres Bewusstsein, hilft dir, die Aspekte der Angst mit ihren negativen Nebenwirkungen aufzulösen und deine wahre Größe zu leben. Womit nichts anderes als die tiefe Verbundenheit mit deiner Seele gemeint ist.

Das erste SNAP! ... Ich bin WACH

Du lernst, vollkommen präsent und geistig klar zu sein. Dein Geist wird mit jedem SNAP! wacher, und du erkennst deine negativen Gedanken und Gefühle. Unser Kopf ist den ganzen Tag voller Gedanken und wir tun Dinge, während wir eigentlich ganz woanders sind. Wir sind gedanklich überall, aber nicht bei dem, was gerade geschieht. WACH sein bedeutet, den Kopf leer gemacht und den Fokus auf den gegenwärtigen Moment gelenkt zu haben. Du konzentrierst dich zu 100 Prozent auf das, was gerade passiert. Du bist in der totalen Wahrnehmung des Jetzt. In diesem Augenblick bist du dir absolut bewusst, was in dir los ist. Man könnte sagen, dass du, die Persönlichkeit in dem Körper, mit dessen Augen du gerade diesen Satz hier liest, eins mit ihren Umständen ist. Da ist kein Widerstand gegen das, was geschieht, sondern eine Akzeptanz, die eine aktive Präsenz in dir erzeugt.

Wie auch immer deine Lebenssituation gerade aussehen mag – wenn du WACH bist, befindest du dich im Gewahrsein des Jetzt. Dein Unterbewusstsein kommt ein Stück mehr in dein Tagesbewusstsein. Dein Bewusstsein entwickelt sich, Grad um Grad, bis du immer mehr im Sein und weniger im Werden bist. Mit der SNAP!-Methode gleichen wir kontinuierlich unsere negativen Energiefrequenzen aus. Auf diese Weise wird das, was wir zuvor unbewusst nur geahnt haben, bewusst wahrgenommen. Das bedeutet, dass wir uns an das erinnern, was wir schon längst wissen.

Ich bin, die ich bin

Das klingt irgendwie verrückt – und das ist es auch! Wir ver-rücken unser Unterbewusstsein wieder dorthin zurück, wo es ursprünglich hingehörte. Totale Bewusstheit ist letztlich die Verschmelzung von Unterbewusstsein und Wachbewusstsein. Dies geschieht rhythmisch und schwingt dabei auf und ab. Steigern wir unsere Frequenzen, pendeln wir uns weiter oben, auf einem höheren Level ein. Wir steigen auf, weil wir mit Absicht unser Energiefeld in Richtung Liebe ver-rücken, hin zur Verbindung mit der Angst. Alles ist miteinander verbunden. Diese Erkenntnis ist wundervoll, aber nichts, was uns euphorisch werden lassen sollte. Denn es gibt noch eine Menge zu erkennen, zu erkunden, zu erwecken, zu reagieren, zu vereinen, zu erinnern und zu lieben.

Dein Glaube spielt hier ebenfalls eine wichtige Rolle. Dein Glaube besitzt eine starke Energie. Ob du glaubst, SNAP! funktioniert bei dir nicht, oder ob du glaubst, dass es funktioniert: In beiden Fällen wirst du vollkommen recht behalten. Warum? Weil du dich bereits entschieden hast und dementsprechend deinen freien Willen benutzt. Deine Energiefrequenzen folgen deiner unbewussten Absicht. Diese ist im ersten Fall klar: »Ich glaube nicht daran.« Das ist deine Entscheidung. Im ersten Fall wirst du aufgeben, im zweiten Fall wirst du SNAP! anwenden. Immer und immer wieder. Du gibst nicht auf. »Nach eurem Glauben geschehe euch!«, sprach einst Jesus. Wer wirklich glaubt, lässt sich durch nichts und niemanden vom Lieben abhalten.

Deine Entscheidung ist alles

Mit SNAP! meditierst du sozusagen deinen Alltag. Es kostet nicht mal etwas, nur deine Entscheidung. Kultiviere dein fröhliches Sein im Alltag. Schnippe mit den Fingern! Klingelingeling! Wecke deine Seele auf! Sei achtsam und beobachte, sei neugierig und wach. Am Anfang sammelst du diese wenigen Augenblicke und du wirst sie immer intensiver erfahren. Sei geduldig und liebevoll mit dir. Wenn ich ein Gebet hätte, wäre es dies: Ich widme mich den einzigartigen Lichtblicken meines Seins und liebe mich auf dem Weg bis in alle Ewigkeit. Amen.

Jetzt höre ich gerade, wie die Dame am Nebentisch in *Harry und Sally* sagt: »Ich will genau das, was sie hatte!« Ich hoffe, du kannst es hören, denn ich lache gerade laut über mein Abtauchen ins »La La Land«. So nenne ich die Welt der Seele. Ich hoffe, dass du trotz all der Ernsthaftigkeit des Lebens niemals den Humor verlierst. Freude ist eine hohe Energiefrequenz und Lachen heilt!

Das zweite SNAP! ... Ich bin LIEBE

Du lernst, negative Gedanken und Gefühle zu klären, und du lernst Widerstandslosigkeit. Der Rhythmus des Lebens kommt in Wellen. Der Ausdruck »himmelhochjauchzend, zu Tode betrübt« beschreibt diese Wellen ziemlich gut. Wo hohe Berge sind, lassen tiefe Täler nicht lange auf sich warten. Es macht einen großen Unterschied, auf welcher Welle wir reiten und ob wir unsere täglichen Entscheidungen in Liebe oder in Angst treffen. In welcher Energie reagieren wir auf unsere Umstände? Mit dem zweiten SNAP! lassen wir jede Bewertung wie »gut« oder »schlecht«, »richtig« oder »falsch«, »positiv« oder »negativ« los und nehmen eine widerstandslose, neutrale innere Haltung ein. Wir schlagen uns bewusst auf keine Seite. Das bedeutet: Wir fällen kein Urteil, wer jetzt gerade recht hat. Daher schauen wir auch nicht mehr, welches Argument besser, wahrer oder richtiger ist. Jeder Mensch handelt in der Überzeugung, recht zu haben, weil er von seinem Standpunkt aus die entsprechenden Argumente hat. Die Frage ist nur: Wo befindet sich dieser Standpunkt? In einer positiven oder in einer negativen Energie?

Das Gruselkabinett

Menschen senden permanent Energiefrequenzen aus, und diese entstehen aus Gedanken und Gefühlen. Bewusste Menschen üben sich darin, im Geschehen des Augenblicks präsent zu sein, und warnen sich so selbst vor einer negativen Reaktion. Eine negative Reaktion wird eine ähnliche oder identische Energiefrequenz in anderen erzeugen, uns noch mehr ins Ego ziehen und andere verletzen. Somit nimmt das Drama seinen Lauf: verbale Entgleisungen, und auch solche der Gesichtszüge. Je nach Energiefrequenz kann das in Verhöhnen, Stänkern oder Provozieren und im schlimmsten Fall in Kreischen, Treten, Beißen oder in Gewalt ausarten. Wenn man das als Außenstehender beobachtet, ist es ein selten dämliches Schauspiel. Durchaus gruselig, was wir Menschen alles tun, wenn wir das Ego unkontrolliert aus dem Keller lassen. Daher ist es eine sehr kluge Entscheidung, das Ego zu reduzieren. Man kann Witze darüber machen und es als »esoterisches Geschwafel« abwerten und trägt damit das Ego auf dem Präsentierteller vor sich her. Sichtbar und hörbar für jeden, der WACH ist.

Das dritte SNAP! ... Ich bin in VERBINDUNG

Du lernst, dich mit der Seele zu verbinden und in den geheilten Aspekten deiner Persönlichkeit anwesend zu sein. In der Verbindung mit der Seele bist du in der Liebe angekommen und lebst deine Werte. Das bedeutet, dass du auf deine einzigartige Weise deine Liebe ausdrückst – mit allem, was du von dir gibst, und auch bei allem, was du vom Leben bekommst. Wenn du in der Verbindung mit deiner Seele bist, kann dich nichts davon abhalten, zu lieben und das zu tun, was dir Freude bereitet und dir das tiefe Gefühl gibt, von Liebe erfüllt zu sein. Du liebst nicht nur dein Selbst, sondern hast vielmehr erkannt, dass du in deinem momentanen Bewusstsein der Ausdruck der Liebe bist. In der Verbindung mit der Seele siehst du deine Einzigartigkeit und die aller anderen Seelen um dich herum. Es gibt kein Vergleichen mehr mit anderen Menschen, kein Abwägen deines eigenen Werts oder des Werts anderer Lebewesen. Du suchst dich nicht mehr in der Welt, denn nichts in der Welt kann dir noch zeigen, wer du bist, weil du bist, wer du bist. Du hast das Ego in deiner Persönlichkeit erkannt, das dich in die Angst (Trennung) und nicht in die Verbindung (Liebe) führt, und ihm seine Macht entzogen.

Liebe für alle

Wenn du deine Seele wahrnimmst, beginnst du, die Seele in allen anderen Menschen zu sehen und sie als Wesen auf dem Weg in das Bewusstsein der Liebe zu betrachten. In der Liebe erfährst du, dass die anderen gar nicht so anders sind als du. Das, was dich von Gott, deiner Seele und den anderen Wesen trennt, ist dein Ego in seinen niedrig schwingenden Frequenzen, und nun, da es allmählich seine Macht über dich verliert, weil du dich in höher schwingende Frequenzen erhebst, erkennst du dich immer mehr, mit all deinen positiven und negativen Aspekten, in den anderen. Ohne die anderen Menschen und deine Beziehung zu ihnen kannst du dich nicht in deiner Vielfältigkeit erfahren. Wir können nicht spirituell wachsen, ohne mit anderen Wesen zu interagieren. Wir haben Konflikte mit ihnen, weil wir sie für die Evolution der Seele brauchen.

Eins sein mit allem, was ist, bedeutet, dass du den Unterschied zwischen Liebe und Angst in deiner Persönlichkeit erkennst und auch weißt, wie du diese beiden Mächte ausdrückst. Mit all den positiven und negativen Aspekten in dir. Du bist nicht besser und nicht schlechter, nicht wertvoller, nicht minderwertiger, nicht bedeutender oder unbedeutender als alle anderen Seelen in den Wesen auf diesem Planeten. Deswegen verdient jedes Wesen deine Liebe. Das Ego hält dich von der Verbindung mit deiner Seele und der Seele der anderen Wesen ab, solange du dir Geschichten erzählst, wer deiner Liebe würdig ist und wer nicht.

Kapitel 2

ICH BIN WACH

DIE MACHT DES BEWUSST-SEINS

Dein Körper ist intelligent, und dein Gehirn ist lernfähig. Kein anderes Lebewesen auf dieser Erde verfügt über ein derart hochkomplexes neuronales Netzwerk, das in der Lage ist, ein Phänomen zu erschaffen, das wir bislang kaum verstehen und das doch vorhanden ist: dein Bewusstsein. Noch spannender ist die Erkenntnis, dass wir dieses Bewusstsein nutzen und sogar erweitern oder entwickeln können – obwohl wir es kaum verstehen. Fest steht jedenfalls, dass wir das bisher viel zu wenig tun. Die Macht unseres Körpers, seine Energie, steht uns jederzeit zur Verfügung, wenn wir ihn in Schuss halten. Denn wir erfahren sowohl unser niederes als auch unser höheres Selbst sowie die Realität durch den Körper. Ein anderes Instrument haben wir nicht.

Bewusst im Hier und Jetzt

In allen großen geistigen und philosophischen Traditionen kommt in irgendeiner Form die Vorstellung zum Ausdruck, dass viele Menschen schlafwandlerisch durchs Leben gehen. Damit ist gemeint, dass uns die Aufmerksamkeit hinsichtlich dessen, was in und außerhalb von uns vorgeht, fehlt. Wir sind nicht voll präsent, nicht bei der Sache, sondern stecken tief in alten Gedanken und in Gefühlen fest, die nichts mit der gegenwärtigen Situation zu tun haben. Die meisten unserer Konflikte rühren also daher, dass wir nicht aufmerksam im Hier und Jetzt sind, sondern die Angst der Vergangenheit oder die Angst vor der Zukunft in jede neue Situation mit hineinbringen. Mit SNAP! trainieren wir, unsere Aufmerksamkeit im gegenwärtigen Moment zu halten, und nehmen die Gegenwart deshalb ohne einen Zeitfaktor wahr. Wir erleben die innere und äußere Wirklichkeit, ohne sie in innen und außen einzuteilen. Mit mehr Aufmerksamkeit nehmen wir unbewusste Programme in uns selbst wahr. Viele glauben, dass die menschliche Evolution und der Fortschritt mit einer Erweiterung des Bewusstseins einhergehen. Wir nehmen das Bewusstsein als den höchsten Ausdruck des Lebens wahr. Je höher die Form des Bewusstseins, desto entwickelter die Lebensform. Wenn wir uns die Evolutionsleiter vorstellen, ausgehend von der Zeit, als sich auf diesem Planeten erstmals ein Bewusstsein herausbildete, erkennen wir, dass jede weitere Stufe der Lebensform mit einer weiterentwickelten Form des Bewusstseins verbunden ist. Und bei unserer eigenen Spezies heißt dieses Prinzip konkret: dass wir zunehmende Reife mit einer gut ausgeprägten Vorstellungskraft, größerer Aufmerksamkeit und einem sich ständig erweiternden Bewusstsein gleichsetzen.

Überlebensprinzip Bewusstsein

Warum ist das Bewusstsein so wichtig? Weil es für alles, was kreucht und fleucht, für jegliche Spezies, die ein Bewusstsein besitzt, das grundlegende Instrument zum Überleben ist – die Fähigkeit, sich der Umwelt in gewisser Form, auf einer gewissen Ebene bewusst zu sein und sich dementsprechend aufmerksam zu verhalten.

Das wirklich Spannende am Bewusstsein ist, dass für uns Menschen ein höheres Bewusstsein eine Frage der Willenskraft ist. Die Natur des Menschen beinhaltet eine außergewöhnliche Option: die Option, mehr Bewusstheit zu wollen und danach zu streben oder sich eben nicht darum zu kümmern beziehungsweise diese Möglichkeit aktiv zu meiden. Mit anderen Worten: Wir haben die Option, unsere authentische Macht geltend zu machen oder auf die Mittel zu verzichten, die uns die Natur (Gott) geschenkt hat.

Wenn wir unseren täglichen Handlungen nicht ein angemessenes Bewusstsein entgegenbringen, leben wir nicht aufmerksam genug. Und die unausweichliche Strafe dafür ist ein vermindertes Selbstvertrauen, weniger Selbstsicherheit und kaum Selbstrespekt. Denn wie können wir uns kompetent fühlen und in unserer Größe sein, wenn wir unseren Wert nicht schätzen und ein Leben in geistiger Umnachtung führen?

Wettervorhersage

Selbstgesprächsblitze im Nervengeflecht,
Gedankenwolken wachsen zu Türmen.
Ich bin der Richter als Schlichter
zwischen den Gedankenstürmen.
Schwerelose Dämpfe verdichten Tropfen
in heftige Schauer
die von zeitloser Dauer
Gefühle entkopfen.
Gedankengewitter braut sich zusammen
im prächtigsten Traum,
ein inneres Grollen mich zunehmend schreckt.
BABUMMMMMM!!!
Ein Herzschlag den Raum unterbricht,
Erkenntnis funkt als Entladung in Plexusadern voll Licht.
Das Herz droht zu zerspringen,
der Wille wirbelt im zweifelnden Tanz,
ein Drücken und Ringen, sich selbst zu bezwingen.
Ruhe, die nun meine Aufmerksamkeit weckt,
hat in der Stille eine Frage entdeckt.
Die Antwort kommt im Donnerton:
WAS WILL ICH? Was ich nicht will, habe ich schon!

Die meisten Menschen gehen davon aus, dass sie ihre Gedanken und Gefühle einfach so haben, aber das ist, wie bei vielen Geschichten, nur die halbe Wahrheit. Eine gefährliche Halbwahrheit, möchte ich sogar behaupten. Denn wir alle sind wahre Meister im Geschichtenerfinden, um uns aus der Verantwortung zu stehlen. Die Wahrheit ist auch, dass wir unsere Gedanken und Gefühle erschaffen. Das erkennen viele Menschen noch nicht oder sie verdrängen es mehr als erfolgreich. Wenn du sagst, dass du schlechte Laune hast und nicht weißt, warum, dann ist es dir einfach zu anstrengend, tiefer nach der Ursache zu graben. Denn eine Ursache gibt es immer, nichts kommt einfach so.

Folglich verhält sich alles nach dem Gesetz von Ursache und Wirkung. Sogar die Natur hält sich daran. Sie offenbart uns mit ihrer Bild- und Symbolsprache viele Geheimnisse. Wenn es regnet, dann nie aus heiterem Himmel, sondern – richtig! – aus Wolken. Und die haben sich mit unzähligen Tropfen angereichert, bevor sie übergelaufen sind. Der Grund für schlechte Stimmung ist dementsprechend auch so etwas wie eine feuchtigkeitsgeschwängerte Wolke: eine Wolke, die sich mit Negativität aufgeladen hat. Und je mehr Wolken auf Wolken treffen, die unterschiedliche Ladungen aufweisen – nun, wir wissen, was dann passiert. Ein Unwetter bricht los!

Die meisten Menschen reagieren auf ihre negativen Gedanken und Gefühle wie auf Regentropfen, die scheinbar aus heiterem Himmel kommen. Wir nehmen die Beine in die Hand und rennen, suchen Unterschlupf, um nichts abzukriegen, spannen einen Schirm (Widerstand) auf, ziehen den Kopf ein und ducken uns weg. Dabei haben wir nur die Wettervorhersage ignoriert.

Doch auch hinsichtlich unserer Gedanken und Gefühle können wir nicht nur schlechtem Wetter aus dem Weg gehen oder darauf reagieren, wir können das Wetter *machen*. In diesem unserem Körper. Ja, du hast richtig gelesen, wir können Gedanken und Gefühle machen. Und wir können vorhersagen, wie diese Gedanken und Gefühle morgen, in Bezug auf etwas sein werden. Wenn wir unseren Körper und die Geisteskräfte wirklich bewusst nutzen und uns auf das konzentrieren, was wir wirklich wollen.

Stimmungsmache

Wir haben die Macht, Gedanken und Gefühle zu erschaffen und ihnen nicht nur ausgeliefert zu sein und auf sie zu reagieren. Es beginnt alles damit, wirklich wahrzunehmen, die eigene Wahrheit zu leben und sich selbst zu versprechen, tagtäglich mehr Klarheit und Ruhe in das eigene Verhalten zu bringen. Mit voller Absicht und aus freiem Willen. Wir sind erst bereit dazu, wenn wir tun, was wir wissen, und wissen, warum wir es tun.

Ich selbst habe mich lange gegen die hohe Energie der Liebe gewehrt und sie ins Lächerliche gezogen. Ich fand alles Mögliche, was mit Liebe zu tun hatte, kitschig, albern und viel zu esoterisch. Doch das Leben hat mich gut durchgekocht, weichgespült und wieder trocken geschleudert. Das hat mich demütig und dankbar aus schweren Schicksalsschlägen hervorgehen lassen. Es ist immer wieder erhebend und berührend für mich, wenn Menschen, unabhängig von anderen und deren Meinungen, durch ganz unterschiedliche Lebenserfahrungen zu denselben Einsichten und Erkenntnissen gelangen. Liebe ist das Einzige, das uns bleibt, alles andere wird zu Staub.

> *Der Mensch besitzt wie die Natur*
> *angeborene Schöpferkräfte*
> *und wird in Ruhe und Klarheit*
> *Werke von göttlicher Schönheit erschaffen.*
> *Wer beginnt, sich selbst zu erkennen,*
> *der beginnt das Werk Gottes.*

Überlass deine Stimmung nicht dem Autopiloten

Das bedeutendste spirituelle Wachstum findet nicht statt, wenn man in einer Höhle meditiert oder auf einer Yogamatte im Spagat sitzt. Es geschieht im stinknormalen Alltag, inmitten von Konflikten, und zwar genau in jenen Augenblicken, in denen man frustriert, verzweifelt, wütend, traurig, neidisch, arrogant, empört, enttäuscht, höhnisch oder ängstlich ist. Eben dort, wo Gefühle eskalieren! Genau in diesen Momenten fällt man ins Ego und reagiert mit dem gewohnten Programm. Die Energie zieht dich nach unten, du fällst in altbekannte Muster, reagierst mit Angriff und bist bereit, den Kampf um dein Recht anzutreten. Doch auf einmal ist da noch eine andere große Kraft im Inneren zu fühlen, und es wird dir plötzlich bewusst, dass du eine Wahl hast. Du besitzt die Macht, aus einem höheren Aspekt deines Selbst heraus zu reagieren. Was auch immer du von Herzen willst, gehe in Verbindung mit dem, was du da fühlst, und gib dem Universum die Chance, sich einen Weg zu bahnen, auf den dein Verstand gar nicht kommen kann: die Aufmerksamkeit auf dein formloses Sein.

Der Verstand mit seinen gewohnten Programmen hat einen inneren Direktor, der den üblichen Ablauf bestimmt. Diesen Direktor nennt man auch den Autopiloten. Er erspart dem Verstand viel Arbeit durch die Handlungsmuster, die dein Gehirn durch ständige Wiederholung auswendig gelernt und abgespeichert hat. Konkret bedeutet das: Du musst nicht mehr darüber nachdenken, was du als Nächstes zu tun hast. Das nimmt dir dein Gehirn ab, um Energie zu sparen, beim täglichen Gehen, Zähneputzen, Duschen, Kaffeekochen und Autofahren. Dem Autopiloten ist es zu verdanken, dass wir Bewegungsabläufe schneller bewältigen können. Er ist es, der uns über die Straße hilft. Ohne den Autopiloten würden wir, wie Thich Nhat Hanh in Gehmeditation, nämlich in Zeitlupe, heftig nachdenkend einen Fuß vor den anderen setzen, und es würde ewig dauern, die Straßenseite zu wechseln.

Genialer Energiesparmodus

Erinnere dich an die ersten Fahrten in einem Auto, während einer Fahrstunde. Das hatten wir uns irgendwie einfacher vorgestellt! Erst die Kupplung treten, dann den Gang rein und Fuß aufs Gas und die Kupplung kommen lassen. Wie oft ist uns als Fahranfänger das Auto abgesoffen, weil wir das erst auswendig lernen und die Kupplung »fühlen« mussten? Anfahren am Berg vor einer Ampel, igitt, mein Albtraum als Fahranfängerin! Fahre ich heute, geschieht das alles vollautomatisch. Wir haben das alle mittlerweile so oft gemacht, dass unser Gehirn es im großen Ordner mit der Aufschrift »Unterbewusstsein« abgelegt und gespeichert hat. Wenn wir in ein anderes Auto steigen, stellen wir jedoch fest, dass sich dieses anders als das eigene verhält. Auf diese Weise lernt das Gehirn, dass jede Kupplung anders ist, und man tastet sich wieder mit Konzentration daran heran, wie man kuppeln muss. Müssen wir in ein fremdes Auto steigen und fahren, wird der Autopilot kurzfristig ausgeschaltet und wir übernehmen vorsorglich die Kontrolle mit unserer Willenskraft und in voller Konzentration.

Was will ich dir damit sagen? Alle Dinge, die wir regelmäßig tun, funktionieren irgendwann vollautomatisch, ohne dass wir über den nächsten Schritt nachdenken müssten. Das ist eine supercoole Funktion unseres Gehirns, denn sie spart uns viel Energie, die wir für Anderweitiges verwenden können. Wir werden durch diese automatisierten Programme des Gehirns multitaskingfähig. Wir telefonieren beim Staubsaugen oder tippen eine WhatsApp-Nachricht, während wir das Mittagessen zubereiten. Nebenbei füttern wir das Baby, schreiben der Lehrerin unseres Schulkindes eine E-Mail, binden ihm die Schuhe zu und schieben uns den ersten leckeren Happen des Tages in den Mund. Wir Frauen, wir setzen immer noch eins drauf, denn wir sind von Natur aus »Mutti-taskingfähig«! Das alles und noch viel mehr ist erst möglich durch den Autopiloten. Stell dir vor, was alles möglich ist, wenn du ihn nun ganz bewusst für dein größtes Potenzial, deine Liebe, einsetzt!

Spieglein, Spieglein

Energiesparen ist sein Job, und das tut der Autopilot in Perfektion. Dass er aber auch mit negativen Mustern seine Aufwartung macht und Selbstsabotage im Programm hat, erkennen wir erst, wenn wir unser Verhalten genau beobachten. Dabei wird uns klar, dass wir viele unserer Entscheidungen nicht aus freiem Willen und nicht aus unserer Größe heraus treffen, sondern leider viel zu oft aus einem kleinen, verbitterten, rachsüchtigen oder nach Vergeltung schreienden Ich, das dabei aussieht wie eine alte Hexe auf einem Besenstiel auf ihrem Ritt zur Walpurgisnacht. Hast du dich schon mal beim Schimpfen und Wüten ertappt, und dein Blick fiel dabei zufällig in einen Spiegel? Auweia! Mir ist das passiert, und ich sah darin aus wie meine mich schimpfende Mutter. Ich kann dir sagen, das war eine Spontanheilung, wie sie mir selten passiert ist. In dem Augenblick, in dem ich mich im Spiegel sah, wurden mir negative Aspekte meines Selbst bewusst, die ich auf keine andere Weise sehen konnte. Wir sind so lange blind für uns selbst, bis wir die Welt und die Menschen darin als Spiegel sehen, der immer uns selbst zurückreflektiert. Wir sind gar nicht fähig, alle Zusammenhänge zu erkennen, weil wir ein eingeschränktes Bewusstsein haben. Die Erkenntnisse der anderen Menschen sind also ebenso unsicher wie unsere eigenen, da sich unser aller Bewusstsein in seiner Erfahrungswelt ständig erweitert.

Mit SNAP! erweckst du dich sofort aus deiner Unwissenheit. Du stoppst den Autopiloten und das Ego mit seinen negativen Glaubenssätzen. Du erkennst deine alten Programme, und sie werden allmählich zu einem Relikt deiner Vergangenheit.

DIE DREI WAHRHEITEN

Alles, was über die fünf Sinne einströmt, also alles, was wir riechen, schmecken, tasten, hören und sehen, nennen wir unsere Realität. Was darüber hinausgeht, bezeichnen wir als übersinnlich, das, woran jemand »nur« glauben kann, weil es jenseits dessen existiert, was wir mit unseren Sinnen wahrnehmen können. Der sogenannte sechste Sinn ist der direkte Draht zu unserer Seele. Er gewährt uns Zugang zur universellen Wahrheit. Spiritualität ist deswegen vielen Menschen zu schwammig, unerklärbar, pseudowissenschaftlich, einfach Quatsch oder Blödsinn, weil sie ihren sechsten Sinn noch nicht aktiviert haben.

Wenn du dich im Kontakt mit einem anderen Menschen befindest, kannst du die sogenannte Wahrheit in drei verschiedene Wahrheiten aufgliedern:

1. **Meine Wahrheit –** alles, was mich betrifft, alles, was durch meine sechs Sinne einströmt, meine Meinungen, mein Glauben, meine Werte, meine Ansichten und Perspektiven zum jetzigen Zeitpunkt.

2. **Deine Wahrheit –** alles, was dich betrifft, alles, was durch deine sechs Sinne einströmt, deine Meinung, dein Glauben, deine Werte, deine Ansichten und Perspektiven zum jetzigen Zeitpunkt.

3. **Die universelle Wahrheit –** alles, was ist; sie besitzt die höchste Energie – Liebe; jene Wahrheit also, die Realität, wie sie ist, mit ihren Dimensionen, die du und ich zum jetzigen Zeitpunkt noch nicht »sehen« beziehungsweise wahrnehmen können.

Wir Menschen sehen die universelle Wahrheit (Realität) nicht. Schon dreimal nicht, wenn wir Konflikte haben und sich das Ego angegriffen fühlt oder wir uns zu sehr mit unserer Persönlichkeit identifizieren und unsere Bedürfnisse vor die der anderen stellen. All das, was du bist, jeder deiner Gedanken und deine Gefühle, deine Persönlichkeit mit ihren Stärken und Schwächen und alles, was dich im Hier und Jetzt ausmacht, ist deine Wahrheit. Deine Wahrheit zu sehen ist Selbsterkenntnis und nicht zu verwechseln mit der Wahrheit der anderen und auch nicht zu verwechseln mit der Wahrheit, die du und die anderen noch nicht wahrnehmen können: das große Ganze mit seinen Zusammenhängen, Geheimnissen und Gesetzen des Universums. Jede Lüge, die du von dir gibst, jede von dir zurechtgesponnene oder zurückgehaltene Meinung ist nicht deine Wahrheit, genauso wenn du Menschen belügst, selbstgefällig betrügst oder ihnen deine Wahrheit verschweigst oder sie verleugnest. Wenn du das, was gesagt werden müsste, zurückhältst und nicht aussprichst, lebst du nicht deine Wahrheit. Wenn du etwas, das dir viel bedeutet, vor anderen verleugnest, weil du die Befürchtung hast, dass sie dann schlecht von dir denken könnten und dich fallen lassen, dann sprichst du nicht deine eigene Wahrheit aus.

Wenn dir Unannehmlichkeiten entstehen könnten und du deswegen nicht ehrlich bist, so verschweigst du deine Wahrheit. Wenn du dich anklagst, schuldig fühlst, deinen Wert nicht kennst und in der Vergangenheit lebst oder dich vor der Zukunft fürchtest, belastet dies deine Seele enorm, und sie wird früher oder später deine Wahrheit von dir einfordern.

Vielleicht ist es dir noch unbewusst oder auch schon bewusst, aber es belastet dich und du steckst fest in deiner Gewohnheit. Den Fehler bei anderen zu suchen ist eine sehr verbreitete menschliche Verhaltensweise. Ob du das im Namen der Wirtschaftlichkeit tust, des Geld-verdienen-Müssens wegen oder auch nur, um jemanden nicht in Panik zu versetzen: Jede Lüge oder Zurückhaltung deiner Wahrheit kehrt zu dir zurück. Du bist damit belastet. Doch wer einmal mit dem Samen der Selbsterkenntnis befruchtet wurde, geht ein Leben lang mit der Wahrheit schwanger. Es ist ihre Natur, sie wird wachsen und muss aus dem Selbst heraus geboren werden.

Unterstützung ist immer da

Unehrliches Verhalten und die entsprechenden Handlungen nehmen viele von uns auf die leichte Schulter. Aber die Quittung kommt: Irgendwann, meist am Abend, ist jeder einmal allein mit sich; vielleicht werden sie nun unruhig und müssen sich Alkohol reinkippen oder sich anderweitig betäuben, damit sie ihre Seele nicht spüren. Vielleicht müssen sie sich mit viel Radau ablenken, wenn die Stille kommt. Auf diese Weise verdrängen sie erfolgreich den seelischen »Kassensturz« und können vermutlich nicht einschlafen. Vielleicht reden sie sich dann ein, es wäre der Vollmond oder das schwere Essen, das sie heute Nacht keine Ruhe finden lässt.

Fragst du dich manchmal: »War ich heute klar? War ich heute ehrlich? Habe ich jemandem Übles gewollt oder übel geredet – und was hat es mir gebracht? Habe ich meine Wahrheit zurückgehalten, weil etwas anderes von mir erwartet wurde? Habe ich das ausgedrückt, was ich wirklich denke und fühle?«

Die Summe deiner Wahrheit will zusammengezählt werden, du verlierst sonst den Überblick über dein Leben. Ob du zu dir selbst oder zu anderen unehrlich bist, spielt keine Rolle. Wer sich selbst belügt, belügt gleichzeitig andere. Es ist daher nie verkehrt, offen zu sein und zu beten oder in die Stille nach Unterstützung oder Hilfe zu rufen.

Lieber Gott
(oder wie du die höchste Energie nennst),
ich brauche Hilfe, ehrlich zu mir selbst zu sein
und auch andere Menschen nicht zu belügen.
Ich will Klarheit, ich will es besser machen.
Ich will meine Seele erleichtern,
so gut es im Augenblick möglich ist, denn vieles,
was ich tue, tue ich noch unbewusst, das spüre ich.

Jede Lüge kommt irgendwann ans Licht, so tief man sie auch verbuddelt hat und so viele neue Lügen man darauf wirft, um sie zu beschweren, damit sie nicht auffliegt. Es kann jahrelang gut klappen, doch irgendwann bricht die Erde auf, alle Lügengebäude fallen zusammen. Dann stellen dir vielleicht andere die unangenehmen Fragen, die du dir selbst viel früher, und zwar täglich, hättest stellen können. Es war dir einfach zu unangenehm, keine Zeit, keine Lust. In Wirklichkeit hattest du nicht genug Liebe in dir. Jetzt verstehst du die Welt nicht mehr, denn auf einmal ist alles aus. Die Wahrheit kommt ans Licht, denn deine äußeren Umstände zwingen dich vielleicht zu handeln und langsam dämmert's dir: Du bist kein Opfer! Du bist ein Schöpfer. Finde dich zurecht. Übernimm jetzt mit voller Absicht die Verantwortung für dein Leben. Sprich und lebe deine Wahrheit, sie führt dich in die Freiheit.

Die Seiten der Wahrheit

Die Wahrheit hat scheinbar zwei oder sogar mehrere Seiten: Eine angenehme und eine unangenehme, eine zustimmende und eine ablehnende Seite. Dem einen tut sie gut, den anderen bringt sie in Wut, Traurigkeit, Zweifel oder Angst. Hmm. Das sind keine angenehmen Gefühle. »Sag mir, was ich hören will, damit ich glücklich bin«, ist die Wahrheit der anderen, nicht die eigene. Wenn wir die eigene Wahrheit beschönigen oder flacher halten, als sie tatsächlich ist, um den anderen nicht zu verletzen oder zu verunsichern, sind wir übertrieben höflich und kehren vieles, was uns nicht gefällt, unter den Teppich. Unwahrheiten spiegeln sich unmittelbar in den äußeren Umständen, sodass man sie gut sehen kann, wenn man achtsam und aufmerksam beobachtet. Entscheidungsschwierigkeiten bedeuten nur, dass man seine Wahrheit selbst noch nicht kennt: »Ich kann mich noch nicht entscheiden.«

Halten wir es doch klein und einfach! Die Wahrheit, nichts als die Wahrheit wollen wir hören, und dann sagt jemand seine Wahrheit und sie passt nicht in unser »Konzept«. Das Wahrhaftige kann nur einem dienen, und das ist der Mensch selbst; es ist ungeschönt das, was derjenige fühlt, der ein offenes Herz und ein funktionstüchtiges Gehirn sein Eigen nennt und die Wahrheit in einem klaren Gespräch ehrlich ausspricht. Somit kann die Wahrheit wahrlich viele verschiedene Gesichter haben. Die Frage ist letztlich nicht, ob es wahr ist, sondern ob ich mit einer Aussage in

Resonanz gehe. Ist es die Wahrheit, nur weil ich ein-verstand-en bin? Gewiss nicht. Mit dem Verstand kann man nun mal nicht fühlen. Ist die Wahrheit etwa ein Gefühl? Nein, denn ein Gefühl entspringt unseren Gedanken, und diese sind trügerisch. Wohl dem, der sich über die Wahrheit freut, er kann morgen schon eine andere erfahren. Ehrlichkeit ist, zu sagen, was man wirklich denkt, und eben nicht, was der andere in etwa, ungefähr oder so ähnlich gern hören würde.

> *Ich bin der erste Mensch in meinem Leben,*
> *ich stehe zu meiner Wahrheit.*
> *So ist es, es sei denn, es ist nicht so.*
> *Das ist meine Wahrheit, die reine Wahrheit*
> *und nichts als die Wahrheit, so wahr ich mir helfe.*
> *Hier ist sie, nun macht damit, was ihr wollt,*
> *doch ich stehe dazu und rechne zuerst mit mir ab.*
> *Ich habe ein reines Gewissen und beginne jeden Morgen*
> *mit Liebe im Herzen. Ich halte nichts mehr zurück,*
> *Freude und Wahrheit werden mich leiten.*
> *Es ist mein Leben.*
> *Ich finde mich zurecht.*

Bewusstseinsentwicklung als Schlüssel zur Wahrheit

Alle Menschen entwickeln sich. Jeder schwingt in niederen und höheren Frequenzen, und wir alle erwachen Tag für Tag in höheren Schwingungen. Alle bewegen sich in ihrem Rhythmus auf die nächsthöhere Ebene zu. Wir schwingen uns auf und ab. Jeder von uns kann das bei sich spüren, anhand der negativen Gedanken und Gefühle, die plötzlich, wie aus dem Nichts, zu kommen scheinen. Eben waren wir noch im harmonischen »Oben«, und schon geht's wieder runter in den »Keller«, in das unbewusste Sein.

Jeder Mensch befindet sich an einem anderen Ausgangspunkt auf der Skala des Schöpferbewusstseins. Der Unterschied zwischen uns und anderen macht also nur feine Grade aus. Kleine Millimeterstriche, wie auf einem Lineal. Wir pendeln uns im Laufe der Jahre und mit den Erfahrungen, die wir machen, auf verschiedenen Levels ein. Deshalb dürfen wir dankbar und offen für Veränderung sein. Veränderung bedeutet immer Entwicklung. Und wir alle haben darauf mehr Einfluss, als wir ahnen. Wir dürfen daher stets bereit sein, lieb gewonnene Gewohnheiten freudig zu verlassen. Denn dies bedeutet nur, sich auf eine neue Energie einzuschwingen. Jeder Mensch nimmt unbewusst Einfluss auf seine Schwingungen und entscheidet, ob er nach »oben«, sprich ins Schöpferbewusstsein (bedingungslose Liebe,

Freude, Harmonie), oder nach »unten« in den unbewussten Geist (Ego, Angst, Wut, Traurigkeit, Verzweiflung) will. Danach handelt er.

Das Schöpferbewusstsein ist unser aller ursprünglicher Seinszustand. Unsere niederen Bewusstseinszustände bezeichnen die abwärts strömende Energie, die durch unser Gehirn in das Unterbewusstsein fließt. Jene Schöpferkräfte, die wir uns Grad um Grad durch das Anheben unserer Energiefrequenzen in das Sein holen können. Mit anderen Worten: Mit der SNAP!-Methode erinnern wir uns wieder an das, was wir bereits sind. Ein Tropfen aus dem Ozean, ein Funke des Lichts, eine Seele aus Gott. Oder wie auch immer du es beschreibst.

Die Evolution der Seele bedeutet, dass wir uns immer in Richtung Fortschritt entwickeln. Die Seele möchte sich auf immer höheren Ebenen erfahren und wenn sie bereit ist, wieder mit allem, was ist, vereinen.

Für dein offenes Herz

Ich schreibe hier für jene, die offenen Herzens sind und sich diesem uralten Wissen nicht verschließen wollen, weil sie tief in sich spüren, dass die Schwingung der kollektiven Wahrheit anwesend ist. Du gehörst vermutlich zu jenen Frauen, die das spannend und aufregend finden, da du dieses Buch gerade liest. Vermutlich hast du bereits die Puzzleteile deines Lebens so weit zusammengefügt, dass du ein inneres Bild deiner Seele und einen inneren Entschluss gefasst hast, dieses großartige, herrliche und heilige Wissen in dir zu wecken, es zu praktizieren und dich auf deinen ganz eigenen spirituellen Weg zu machen. Solltest du zu diesen Menschen gehören, hüpft mein Herz vor Freude. Ich freue mich für dich. Das ist der Weg der Liebe, sich mit Eigenverantwortung von Dogma und Ideologie der Weltreligionen zu befreien und sich im eigenen Inneren aufzurichten. Das Herz zu öffnen, ohne Anhängertum und blinde Gefolgschaft. Auf diese Art entstehen wahre Hingabe an das Göttliche und der authentische Wunsch, den Menschen zu dienen. Dort, inwendig in dir, ist dein Wissen verborgen, was gleichzeitig unser aller Wissen ist. Diese Power steht allen Menschen zur Verfügung – wir müssen sie nur anwenden und in die Tat umsetzen.

Selbstbeobachtung als Schlüssel zu mehr Bewusstsein

»Erkenne dich selbst« – die bereits erwähnte jahrtausendealte Inschrift am Apollotempel von Delphi ist ungebrochen wahr und voll tieferen Sinns. Denn eines der effektivsten Werkzeuge, sich selbst zu erkennen und das eigene Bewusstsein zu erweitern, ist und bleibt die Selbstbeobachtung. Das bedeutet, sich bei allem, was man denkt, sagt, hört, fühlt und tut, genau zuzusehen, sozusagen von einer höheren Warte aus, »von oben«. Du befindest dich im gesündesten und intelligentesten Aspekt deines Selbst und beobachtest. Es ist ein Beobachten mit großer Liebe und Aufmerksamkeit für dich selbst. Du nimmst dich und die Vorgänge in dir wahr. Du beobachtest dich, jedoch ohne dich dabei zu bewerten oder zu beurteilen. Du hast bei allem, was du erlebst, stets ein liebevolles Auge auf dich.

Wenn du dies eine geraume Weile tust, entdeckst du deine hohen Erwartungen an andere, wie sie sich deiner Meinung nach verhalten sollten. Du erlebst dein Ego und seinen trennenden Charakter. Du fühlst deine Widerstände, wenn andere nicht tun, was du für richtig hältst. Du nimmst all das wahr und noch viel mehr. Entdecke in liebevoller Neugier und ohne Verurteilung deine Vorlieben und Abneigungen und ganz allmählich deine gewohnten, reaktiven Programme, deine Selbstsabotagen, Glaubens- und Handlungsmuster. Du beobachtest, wie du dich anderen und dir selbst gegenüber verhältst, was du über dich oder andere denkst und sagst, welche Worte du wählst, und manchmal erkennst du bereits den Programmablauf deines Autopiloten, kannst ihn aber noch nicht abschalten. Du hörst dir vielleicht beim Lästern oder beim Vergleichen mit anderen zu und fasst den Entschluss, das nicht mehr zu tun.

Dir wird bewusst, was du dir damit antust. Es fällt dir vielleicht zum ersten Mal auf, dass sich übles Reden über andere überhaupt nicht gut anfühlt, sondern genau das Gegenteil der Fall ist. Es zieht dich in die totale Identifizierung mit der Persönlichkeit, weg von der Verbundenheit mit deiner Seele und nach »unten« ins Ego. Wenn dein Ego bei allen Vorlieben und Abneigungen von dir ausagiert wird, tu dies mit der inneren Haltung des Nicht-damit-verstrickt-Seins. Indem wir das Ego unpersönlich beobachten, wird uns bewusst, welch enormen Einfluss wir ihm erlauben. Innere Unruhe, Verzweiflung (Seele und Ego sind sich nicht einig) und der Unfrieden in unserem Leben gehen meist auf sein Konto.

Zu den Waffen ...

Festgefahrene Denkstrukturen werden mit Selbstbeobachtung zunehmend bewusster wahrgenommen, und das kann zunächst ein Gefühl der Ohnmacht verursachen. Anfänglich kann dir dein Unterbewusstsein ziemlich unheimlich werden, aber so erkennst du die vielen Trigger, auf die du wie wahnsinnig reagierst und die deine Selbstschussanlage losfeuern lassen. Alter Schwede, zu welchen Kampfmaschinen können wir mutieren! Wir alle kennen die Energie der Wut oder Empörung, die uns in unsere Ego-Waffenkammer rennen lässt, um alles rauszuholen, was uns zur Verfügung steht. Die Munition steht bereit, und die drei Hauptprogramme des Ego werden aktiviert: Angriff, Rückzug oder Verteidigung. Die zerstörerischste Waffe des Ego ist die Rache. In jenen herausfordernden Momenten, in denen Vernunft und Bewusstsein am dringendsten gebraucht werden, übernimmst du mit SNAP! die volle Verantwortung für dich selbst und alle anderen Wesen – und das geschieht zum Wohle aller. Du machst dich somit auch unabhängig von der schlechten Laune und diversen unbewussten Seinszuständen anderer Menschen.

Die Kunst der Selbstbeobachtung

Beziehungen zu den Mitmenschen sind die größte Herausforderung in unserem Leben, aber auch die schönste Art, sich seiner selbst bewusst zu werden. In unserer spirituellen Entwicklung wird uns früher oder später klar, dass unsere Reaktion auf das, was geschieht, und auf das, was andere sagen oder tun, einen wesentlichen Unterschied macht. Hat unser Verhalten die Situation besser oder schlechter gemacht? Kein Ideal, keine Ideologie, keine Autorität ist so wegweisend wie das eigene Verhalten in den Situationen, die uns im Alltag mit Menschen begegnen. Alle meine Gurus! Wir müssen nicht nach Indien reisen und den Fußboden im Ashram schrubben. Wir können das ebenso gut zu Hause tun. Wir dürfen uns selbst im Umgang mit unseren Mitmenschen beobachten.

Selbstbeobachtung ist ein mächtiges Werkzeug, ein Quantensprung für eine positive Veränderung. Zudem ist sie die einfachste spirituelle Praxis, die uns Menschen möglich ist. »Die höchste Form menschlicher Intelligenz ist die Fähigkeit zu beobachten, ohne zu bewerten«, hat Jiddu Krishnamurti einmal gesagt. Beobachten wir uns selbst oder andere von einer höheren Ebene aus, ohne zu bewerten, sind wir in Verbindung mit dem Herzen. Das Herz urteilt nicht. Das übernimmt der Verstand. Er teilt in zwei Gruppen auf: in »gut« und »schlecht«. Erst viel später, rückblickend, können wir erkennen, dass »schlecht« uns zu wesentlichen Veränderungen in unserem Leben geführt hat und »gut« oft eine Illusion war, die uns in unserer Komfortzone gehalten hat. Aus »gut« wurde eine gewisse Zeit später »nicht mehr so gut«, und aus »schlecht« entwickelte sich nicht selten »gut«.

Ohne Urteil frei sein

Das Leben zeigt uns meist nur einen Teil des Weges, mehr sehen wir erst viel später. Wenn wir urteilen, hören wir auf, im Fluss des Lebens zu fließen, und wollen so unsere Unsicherheit nicht fühlen. Igitt, viel zu unbequem! Mit kleinlichem Urteilen kommen wir zu unseren Schlussfolgerungen und haben für kurze Zeit das Gefühl von Kontrolle. Wir sind permanent dabei zu urteilen, und je mehr wir das beobachten – vor allem warum wir das tun –, umso besser können wir SEIN lassen, was gerade ist, und eins sein mit dem gegenwärtigen Moment. Voll fett im Hier und Jetzt mit allergrößter Präsenz. Wenn man sich Selbstbeobachtung ohne Bewertung zur Routine macht, zeigt das die Intensität der Aufmerksamkeit, mit der wir die sichtbaren und unsichtbaren Dinge behandeln.

Was passiert da gerade in mir?

Stell dir folgende Fragen:

- Wovor habe ich wirklich Angst?
- Warum bin ich neidisch und schneide bei meinem Vergleich schlecht ab?
- Warum fühle ich mich nicht gut genug?
- Warum bin ich enttäuscht?
- Woran habe ich mich gebunden?
- Was fehlt mir zum »gut«, wenn ich mich vergleiche und in meinen Augen »schlecht« abschneide?
- Worüber ärgere ich mich in Wirklichkeit?
- Was triggert mich?
- Was macht mich traurig, aggressiv, zum, Opfer, ärgerlich, verzweifelt oder ängstlich?

Sich diese Fragen angesichts heftiger Gefühle zu stellen, ist der Weg, den die Liebe nimmt. Die negativen Gedanken und Gefühle zu verleugnen, hilft uns überhaupt nicht. Dadurch gehen sie nicht weg. Im Gegenteil, durch Verleugnen unserer ungewollten Gedanken und Gefühle machen wir uns klitzeklein und bleiben klein. So wachsen wir nicht. Und wie es innen aussieht, so spiegelt es sich oft außen in der Welt. Das, was im Außen geschieht, weist uns auch auf etwas in unserem Inneren hin. Beispielsweise was der eigenen Macht und Authentizität im Weg steht. Geben wir den anderen die Schuld, geben wir unsere Macht in ihre Hände. Wenn wir solche Ereignisse von einer höheren Warte aus betrachten, können wir, so verrückt es sich auch anhört, das Gefühl der Dankbarkeit erschaffen, dass es Menschen gibt, die unsere tiefsten Ängste so schonungslos sichtbar machen.

Gib den Widerstand auf

Die Energie in uns ist schon vor dem Konflikt da gewesen. Sie wird nur durch unsere Emotionen sichtbar gemacht. Natürlich ist das oft unangenehm, aber da es geschieht, ist es das, was wir bekommen, um Licht ins Dunkel zu holen und unsere wahre Macht und Kraft zu wecken und zu entdecken. Wie oft müssen wir derlei wohl erleben, bis wir verstehen, dass wir diese Ereignisse für unsere Entwicklung immer noch brauchen? Was hat sie gesagt? Brauchen? Wie das? Ganz einfach, weil wir es erleben. Das, was passiert, ist das, was passiert. Wenn wir dagegen Widerstand leisten, haben wir schon verloren. Gegen die Realität zu sein heißt, gegen den Fluss des Lebens zu sein. Es ist, wie es ist. »Widerstand ist zwecklos!«, hören wir nun endlich laut das Leben rufen. Das Gegebene anzunehmen, mit allen sich dazu ergebenden Gedanken und Gefühlen, und Bewusstheit auf die eigene Reaktion zu lenken bedeutet, Verantwortung zu übernehmen und zunächst bei sich zu bleiben. Unsere Emotionen verbinden uns mit unserem spirituellen Selbst. Jetzt haben wir erneut die Möglichkeit, eine Wahl zu treffen: Verbindung mit der Seele oder Trennung von der Seele? Die Stärke der Emotion wird durch die Abspaltung von der Seele bestimmt. Je stärker die Abspaltung, desto stärker sind Angst, Wut, Ekel, Trauer oder Scham. Welche Entscheidung wir auch treffen, es wird so oder so zu unserer Entwicklung beitragen. Mit dem feinen Unterschied der ihr innewohnenden Energie und Schwingung.

Liebe ist die höchste Energie im Universum und sie bringt uns das, was nötig ist, um sie in uns zu erfahren. Steigern wir unsere Liebesfähigkeit, haben wir mehr Ordnung, Harmonie, Klarheit und Vertrauen in unserer Wahrnehmung. Angst ist eine dichte, niedrige Energie und bringt uns Verwirrung, Schmerz, Stress, Leid und Verlust in unsere Wahrnehmung. Auf welche Art und Weise wir den Schwierigkeiten in unserem Alltag auch begegnen, das ist ganz allein unsere Wahl. Niemand kann uns unsere Entscheidung und unser dementsprechendes Verhalten abnehmen. Wenn du also eine derjenigen bist, die die Absicht haben, mehr Liebe in ihr Leben zu bringen, auch wenn es Anstrengung und viel Mühe kostet, hast du jetzt eine Möglichkeit in der Hand, die dich immer tiefer in dein Unterbewusstsein führt und ein Werkzeug für mehr bedingungslose Liebe in deinem Leben ist.

Bewusstsein und Wirklichkeit

Die Geschichten unseres Ego bestimmen unser Handeln, denn die Geschichten bestimmen, ob wir uns gut oder schlecht fühlen – sie bestimmen unseren Energiezustand (State). Das Ego glaubt, es sei von der Wirklichkeit getrennt, und deswegen leistet es permanent Widerstand gegen das, was ist. Es geht in den Kampf gegen alles, was nicht in seine Geschichte passt. Gute Geschichten unseres Ego liefern uns Energie zum Handeln, schlechte Geschichten rauben uns Energie. Somit ergibt sich folgende Kausalität: Je besser unsere Geschichte ist, umso besser ist unser Energiezustand, umso besser sind unsere Handlungen. Das Verständnis der Bedeutung unseres Energiezustands ist der Schlüssel zum Begreifen des Bewusstseinsprozesses und des Geheimnisses eines schönen Lebens.

Bewusstsein heißt, sich selbst geistige Klarheit zu verschaffen. Oder anders ausgedrückt: Man be-Geist-ert sich selbst. Für sich selbst. Wir haben dann sozusagen Freude an unserem Sein und sind glückselig, was wiederum auf unseren Ursprung, die Verbindung mit der Seele, hinweist. Mit der Seele in Verbindung zu sein erzeugt in uns ein Hochgefühl. Wir fühlen ihre Energie und spüren die Liebe und ihren Energiezustand in uns selbst.

Das Ego liebt Geschichten

Unser Verhalten ist das Ergebnis des Seinszustands, in dem wir uns befinden. Wir geben immer das Beste mit den Ressourcen, die uns zur Verfügung stehen. Und bei diesen Ressourcen handelt es sich um das von uns selbst erzeugte Energiefeld. Unser Energiezustand ergibt sich nicht aus unseren Umständen, sondern aus den Geschichten unseres Ego (getrübtes Bewusstsein) oder aus unserem ungetrübten Bewusstsein. Die Lösung für die meisten unserer Probleme beginnt damit, die Verantwortung für unsere Geschichten, Gedanken und Gefühle zu übernehmen und damit für das Bewusstsein, in dem wir uns befinden. Unser Ego ist jedoch niemals bereit für ein höheres Bewusstsein, weil es nie bereit ist für die Wirklichkeit. Das Ego lebt in seinen Geschichten und liefert uns die Programme der Vergangenheit. Wir dürfen über unser Ego hinauswachsen, uns in die Wirklichkeit begeben, in jedem Augenblick bewusster wahrnehmen und in dem, was ist, sein. Die Wirklichkeit ist das, was in diesem Moment geschieht, ohne dass es bereits eine Geschichte darüber gäbe. Sobald wir eine Geschichte erzählen können, erzählt sie von der Vergangenheit.

Energieräuber Gedanken

Es geht nicht darum, sich die Welt schönzureden oder schönzudenken. Es geht darum, dass wir manchmal unter unseren Gedanken leiden, die mit realen Ereignissen überhaupt nichts zu tun haben. Sie sind entweder alte Erinnerungen von längst vergangenen Tagen oder sinnfreie Vorstellungen einer Zukunft, die so nie eintreten wird. Manchmal sitzen wir da und visualisieren eine schreckliche Geschichte, die uns Angst macht. Über diese Gedanken spreche ich hier. Und dabei stellen sich folgende Fragen: Wer zwingt uns, an Gedanken festzuhalten, die uns kleiner machen, ängstlich machen, unglücklich machen, uns nicht weiterbringen und uns schlechte Gefühle bereiten? Sind das Gewohnheiten – Denkgewohnheiten? Und sind die daraus resultierenden negativen Gefühle nicht einfach nur ein Zeichen für ein dunkles und eingeschränktes Bewusstsein, das die wahre Natur unserer Gedanken verkennt? Was ändert sich für uns oder für die Welt, wenn wir uns abends beim Fernsehen die Nachrichten reinziehen und in einen schlechten Gefühls- und Energiezustand geraten? Ändert das etwas für die Menschen, die gerade unter Krieg oder einem Tsunami leiden? Nein. Ändert es etwas für uns? Ja. Wir beschäftigen uns mit dem, was wir nicht wollen. Bringt uns das einen Schritt weiter in die Richtung, in die wir wollen? Nein. Also, warum tun wir das? Warum richten wir unsere Gedanken und damit unsere Energie nicht dorthin, wohin wir wollen?

Angst, oder: »Do your fucking homework!«

Diesen lässigen Satz sagte IKYA, ein spiritueller Lehrer aus Norwegen, zu mir. Er sagte ihn am Ende eines einstündigen »Soul Readings«. Seine Aussage war so banal wie befreiend und hatte eine enorme Wirkung auf mich. Ehrlich gesagt war es der einzige Satz, der mir aus dieser Stunde vollständig in Erinnerung blieb. Noch tagelang kaute ich gedanklich auf ihm herum. Tiefe Weisheit ist nicht selten sehr einfach gehalten.

Ich fragte mich: Was ist denn meine »fucking Hausaufgabe«, die ich wohl ständig nicht erledige? Ich begann daraufhin, noch genauer auf meine Beziehungen zu Menschen, meine Konflikte, mein Verhalten, meine unerfüllten Wünsche, meine Widerstände und meine Herausforderungen im Alltag zu schauen. Ich fand sehr schnell heraus, was mich davon abhielt, mir meine Bedürfnisse zu erfüllen und meine Ziele zu erreichen: meine Gedanken! Grundgütiger, waren die limitierend! Sie hielten mich davon ab, Träume zu haben oder die ersten notwendigen Schritte in die richtige Richtung zu tun. Ich fühlte aufgrund meiner Gedanken die Angst, die jeden Tatendrang lähmt und die Nähe zu anderen behindert und die jegliche Lebensfreude im Keim erstickt. Überall dort, wo negative Gedanken oder Gefühle aktiv waren, begegnete ich meiner Angst. Und egal, wohin ich hörte, überall leistete mein Ego Widerstand gegen die Angst. Ich verleugnete und verdrängte sie oft sehr erfolgreich, doch sie war da, an vielen Stellen in meiner Persönlichkeit. Das ist bei allen Menschen ähnlich. Dort, wo der eine mutig ist, hat der andere Angst, und umgekehrt. Viele versuchen, mit dem Verstand gegen die eigenen Ängste vorzugehen, zum Beispiel mit positivem Denken, was jedoch selten dauerhaft erfolgreich ist. Manchmal verstärkt sich die Angst noch und breitet sich auf weitere Lebensbereiche aus. Sie hindert so viele Menschen daran, ihre Gaben und Talente zu leben; noch schlimmer, sie führt dazu, permanent an sich selbst und anderen zu zweifeln.

High Voltage – Full Body Exercise (Ganzkörperübung »Hochspannung«)

Je schneller du dich entspannen kannst, desto besser kannst du deiner Angst und Wut begegnen und sie allmählich auflösen. Angst ist angestaute Energie, die nicht mehr frei fließt, und die kann sich im Körper »verknoten«. Um dich vollkommen natürlich zu entspannen und diese Energieknoten zu lösen, musst du zunächst deine Spannung ganz bewusst erhöhen. Mithilfe der folgenden Übung lernst du, Körper und Geist von Angst zu befreien.

Phase 1

1. Setz dich ganz vorn auf einen Stuhl und lehne dich nicht mit dem Rücken an. Die Hände liegen locker auf den Oberschenkeln. Die Füße stehen hüftbreit auseinander und fest auf dem Boden. Der Rücken ist leicht nach vorn durchgedrückt, das Brustbein angehoben und das Kinn leicht eingezogen. Du kannst die Augen schließen.
2. Atme nun tief ein und spanne deinen ganzen Körper so fest an, wie du kannst. Du machst dies immer intensiver, bis dein Körper leicht zu vibrieren beginnt. Halte diese vibrierende Spannung für etwa 7 Sekunden.
3. Du atmest nun mit einem HA-Geräusch kraftvoll aus und fühlst, wie sich vom Kopf bis zu den Zehen die von dir herbeigeführte Anspannung aus deinem Körper löst.
4. Du atmest 3-mal bequem ein und aus und lässt dabei jegliche Anspannung im Körper los. Du scannst dabei deinen ganzen Körper, vom Kopf bis zu den Zehen, und lässt ganz bewusst los. Mach dies ruhig 2- bis 3-mal, bevor du zu Phase 2 übergehst.

Phase 2

1. Du atmest 7 Sekunden lang durch die Nase ein. Dabei heißt du die Angst willkommen wie einen Freund und lässt sie in dein Herz fließen. Du atmest die Angst in dein Herz.
2. Anschließend hältst du 7 Sekunden lang den Atem an. Dabei versorgst du die Angst mit Liebe. Visualisiere, wie du die Angst liebst, umarmst, streichelst et cetera.
3. Nun atmest du 7 Sekunden lang auf HA aus. Dabei entlässt du die Angst da, wo du sie spürst, und atmest sie aus deinem Körper hinaus.
4. Am Ende der Ausatmung atmest du 7 Sekunden lang nicht ein. 7 Sekunden Atemstillstand. Dann atmest du bequem und mit Ruhe weiter.
5. Spüre nach der Übung einige Minuten mit geschlossenen Augen nach.

Nicht vergessen: Wenn wir Angst haben, verlieren wir nicht nur Energie. Wir sperren die Lebensenergie im Körper ein. Dadurch fallen wir in eine niedrigere Bewusstseinsfrequenz, in der es ausschließlich ums Überleben geht. Wir entscheiden uns aus Angst für die Angst. Sobald wir uns mit der Energie der Liebe verbinden und die Angst ins Herz atmen, steigen wir auf, in die höhere Frequenz und somit in unser höheres Selbst. Wir entscheiden uns, in Liebe zu leben.

Kapitel 3

ICH BIN LIEBE

Möge die Kraft, die als Gott bezeichnet wird,
die Herzen der Menschen erleuchten.

DIE MACHT DER PERSÖNLICHKEIT

Wenn Persönlichkeiten erkennen, dass sie mehr sind als nur Körper und Verstand, ist das der Moment des Erwachens. Der Moment des ersten Kontaktes mit der Macht der eigenen Seele. Wenn wir beginnen, an die Seele zu glauben, öffnen wir die Tür zu einer inneren Welt und zu einer großen Kraft. All unser Wissen, das Ansehen und Geld, die unzähligen Weisheiten der Welt oder des Universums in unserem Verstand verleihen uns nicht unsere wahre Größe. Erst wenn wir den Blick nach innen richten, können wir aus dem Vollen schöpfen, aus der göttlichen Quelle, die aus jedem Menschen einen Liebenden macht.

Wenn eine Persönlichkeit erwacht, geht nicht selten eine große Krise voraus. Der Tod einer geliebten Person, die Trennung vom Partner, eine Krankheit oder ein finanzieller Notstand. Die Persönlichkeit erfährt ihre Machtlosigkeit, all ihre äußeren Werte werden auf den Kopf gestellt und erschüttert. Das ist zwar unangenehm, aber sie erlebt das, weil die äußere Welt nun mal nicht alles ist, was da ist. Dieses unbequeme Erwachen öffnet das Herz weit, sodass sich die innere Macht zeigen kann und so dem freien Willen zugänglich wird. Die Tür zur Spiritualität öffnet sich. Für eine Person, die vielleicht Jahrzehnte oder ein Leben lang ohne jeglichen Glauben an eine höhere Kraft, einen Gott oder das höhere Selbst – wie auch immer ein jeder das Göttliche für sich bezeichnen möchte – gelebt hat, ist das eine herausfordernde Transformation. In Krisen beginnen Menschen, sich an Gott zu wenden und mit ihm zu sprechen. Plötzlich wird Gott eine Möglichkeit und als Unterstützung in Erwägung gezogen. Wir laden eine lichtvolle Macht in unser Leben ein, an die wir uns vorher nicht gewendet haben.

Licht ist überall

Heftige Lebenskrisen sind somit die heiß begehrten Events, die wir brauchen, um das Licht in unser Leben einzuladen. Wir müssen wohl Risse bekommen, damit durch sie das Licht der Seele scheinen kann. Die Macht der Seele ist nicht außerhalb von uns zu finden, sie ist in uns, in jedem Menschen, und es liegt an jedem selbst, sich diesen Garten Eden im Inneren zurückzuerobern. Das Licht der Seele ist in allem, was uns berührt. So wie das Sonnenlicht nach dem Regen, die Morgendämmerung nach dunkler Nacht, die Fremden, die im Vorübergehen unseren Blick suchen, die Tiere, die unsere Hand zum Streicheln locken, die Kinder, die das Lächeln in unseren Mundwinkeln erhoffen, die Kassiererin im Supermarkt, die uns einen schönen Tag wünscht. Das wahre Leben, die Bäume, die Berge und die Seen, ihre Tiefen und Höhen können wir nur mit der Seele wirklich erfassen. Ihr

Licht ist in allen Wesen um uns herum, jeder kann es mit dem Herzen sehen. Wir leben bereits im Paradies.

Jede Seele ist hier inkarniert, um etwas Großes zu schaffen: die unendliche Vielfalt der Liebe sichtbar zu machen. Jeder Mensch ist einzigartig in seinen Gaben und Talenten und hier, um sich auf seine ganz individuelle Weise auszudrücken. Durch Liebe verbinden sich selbst die unterschiedlichsten Menschen miteinander. Wo Angst herrscht, regiert Trennung. Urteil, Zweifel und Kritik sind die trennenden Eigenschaften der Angst. Wir haben uns lange Zeit von der Gesellschaft einreden lassen, diese Eigenschaften seien notwendig, um uns zu schützen. Das Urteil über andere konnte uns in der kalten Welt Sicherheit geben. Die Distanz zu anderen soll uns abheben und besonders machen. Doch wer soll hier wirklich geschützt werden und wovor? Die Persönlichkeit mit ihrem Ego. Wovor? Vor mehr Bewusstsein, denn das perforiert das Ego, und immer freier wird der Blick auf die Unendlichkeit der Seele, im Licht der Liebe, die alles verbindet. Das Ego ist der Anteil der Persönlichkeit, die nur auf ihren eigenen Vorteil bedacht ist. Wir dürfen den berechnenden und kalkulierenden Verstand entlarven, der dem Ego dient und uns negative, geizige, gierige oder hochmütige Gedanken denken lässt. Das Ego will ständig etwas Besonderes sein. Es verliert durch ein wachsendes Bewusstsein seine nach außen orientierte Macht. Eine Macht, die man überall in der Welt sieht und die in jeder Gesellschaftsform verankert ist.

Goodbye, Ego

Mit zunehmendem Bewusstsein und einer höheren Schwingung steigt die Persönlichkeit in ihrer Liebesfähigkeit auf und lässt das Ego allmählich zurück. Das Ego wird gewissermaßen reduziert. Dort »oben« kann es nicht existieren, denn es braucht den Verstand, um sich zu ernähren und somit zu überleben. Wenn das Bewusstsein zu höheren Ebenen aufsteigt, verliert das Ego seinen Einfluss auf die Persönlichkeit. Es schrumpft langsam, aber sicher vor sich hin. Die Persönlichkeit wird lichter, energievoller, liebevoller und entwickelt Charisma – authentisch, voller Lebensfreude, Demut und Dankbarkeit.

Was uns am wichtigsten ist und dem wir am meisten Bedeutung geben, das, was wir über alles andere stellen, ist das, wofür wir leben. Daran ist unser Herz, der Kern unserer Persönlichkeit, gebunden. Es ist von großer Bedeutung, in welcher Absicht wir leben, denn die Absicht entscheidet darüber, was wir tun, und vor allem, wie wir es tun. Unser Seinszustand entscheidet über die Qualität unseres Lebens.

Sinn finden

Wofür lohnt es sich zu leben? Das ist die Frage, auf die jeder Mensch seine eigene Antwort finden darf. Jeder entscheidet selbst, wofür es sich zu leben lohnt und wofür nicht. Gibt es Taten, die wir tun können, Werte, nach denen wir leben können, Zeichen, die wir setzen können und die uns zu dem machen, wofür wir bestimmt sind? Was nützen uns kluge Antworten, wenn wir die Fragen nicht stellen? Und wenn wir fragen, woher kommen die hilfreichsten Antworten?

Vielleicht hatten wir schon öfter das Glück, dass unser Herz für einen kurzen Moment unsere Seele berührte und wir eine Ahnung davon bekamen, wozu Liebe uns befähigen kann, was uns durch sie erst möglich wird. Doch wir haben Angst vor der Liebe und verkriechen uns immer wieder in die äußere Schale des Egos. Mit dem Ego finden wir nicht in die Mitte unseres Seins, um uns an der Weisheit der Seele zu bedienen, denn da ist der Verstand verloren, weil es keine Trennung gibt. Dort findet das Ego nur Verbindung und kein Ich.

Was bleibt von uns, wenn alles, worin wir unser Ich erkennen, nur im Außen existiert? Wer sind wir, ohne Vater, Mutter, Geschwister, Freunde, Feinde, Beruf? Wer sind wir, ohne unsere Geschichte und ohne unsere Vergangenheit? Was bleibt von uns, wenn alles abfällt? Ein harter Kern? Oder eher ein formloses Sein? Wir dürfen ein Leben lang die vielen äußeren Hüllen abtragen, mit denen wir uns identifizieren. Wir müssen sie aus den Augen verlieren, bevor wir den wahren Kern finden. Weil er in dem, was wir sehen wollen, verhüllt ist. Wir dürfen erst begreifen, dass alles, was wir wollen, nicht das ist, was wir sind. Wir dürfen uns eingestehen, dass wir das, was uns bei anderen fehlt, auch in uns selbst noch nicht gefunden haben. Wir sind immer noch nicht angekommen in unserer Seele, der wahren Frucht unseres Lebens. Aus diesem Grund wird uns im täglichen Leben durch andere Menschen und Ereignisse gespiegelt, was wir noch für uns tun dürfen, um zu sein, wer wir sind. Hier und jetzt hat jeder die Möglichkeit, zu trennen oder zu vereinen. Es gibt nur diesen Moment. Lieben wir in ihm oder sterben wir mit ihm?

Die Reise nach innen

Der Weg der Seele führt uns über die Bedeutung der materialistischen Werte hin zur Bedeutung der inneren Werte. Diese inneren Werte üben eine wachsende Anziehungskraft auf die Persönlichkeit aus. Je mehr Bewusstsein sich ein Mensch durch seinen Willen aneignet, umso mehr zieht es ihn zu den höchsten Errungenschaften der Menschheit. Zu den Tugenden, die, jede für sich, die Meisterung der Persönlichkeit bedeuten. Die Macht der Persönlichkeit liegt in der Willenskraft, sich für eine höhere oder eine niedrigere Energie zu entscheiden. Du kannst mit der Kraft deiner Persönlichkeit Licht transformieren. Du kannst aus der Energie der Verurteilung Vergebung machen. Du kannst aus der Energie des Egoismus Mitgefühl machen. Du kannst aus der Energie der Trennung Verbindung machen. Du kannst aus der Energie des Hochmuts Demut machen. Du kannst aus der Energie der Verzweiflung Zuversicht machen. Du kannst aus der Energie des Misstrauens Vertrauen machen. Du kannst aus der Energie der Verantwortungslosigkeit Verantwortung machen. Das alles kannst du mit deiner Persönlichkeit tun, indem du dich bedingungslos für die Liebe entscheidest. So einfach ist das, denn die Liebe wird dich führen. Du darfst dir nur eine Frage stellen: Was würde die Liebe jetzt tun? Und los!

> *Liebe ist Selbstermächtigung.*
> *Angst ist Ohnmacht.*

Liebe oder Angst?

In jedem Moment hast du also die Macht, zu entscheiden: »So endet meine Geschichte nicht!«, und du wählst eine neue Richtung. Wir Menschen schwanken ständig zwischen unterschiedlichen Bewusstseins- und Energiezuständen. Unzufriedenheit und Dankbarkeit, gute Laune und schlechte Laune, vom Bedenkenträger zum Enthusiasten, von himmelhochjauchzend zu Tode betrübt, von engstirnig auf unserer Meinung beharrend zu offen für alles Neue. Unser Geist, unser Bewusstsein, ist ständig in einer Aufwärts- und Abwärtsbewegung. Alles fließt, alles bewegt sich, nichts steht still. Was stillsteht, wird faul und modert, wird träge, zähflüssig und stirbt. Die Energie verdampft sozusagen ungenutzt. Mal befinden wir uns in einem hohen State und singen im Dance-Modus: »High energy, my love is lifting me!« – dann tanzt unser Herz, und wir sind energiegeladen und kreativ, voller Ideen. Wir denken positive, inspirierende und motivierende Gedanken und schaffen alles, was wir uns vorgenommen haben. Eine magische Fügung tritt in Kraft. Situationen, Menschen oder Dinge, die uns bei unserem Vorhaben unterstützen, kommen scheinbar wie aus dem Nichts in unser Leben. Wir sind im Flow und reiten auf einer Welle glücklicher Umstände und Zufälle. Und im nächsten Moment können wir niedergeschlagen sein, in einem niedrigen State, voller Selbstzweifel – »low energy«! Wir fühlen uns träge, uninspiriert, voll im Ego und denken negative Gedanken. Wir fühlen uns irgendwie seelenlos, ohne tieferen Sinn und Zweck. In diesem Zustand sind wir einfach nicht lebendig. Wir sind schlapp, jammern häufig, sind passiv, aggressiv, total unerfüllt und reagieren dementsprechend negativ und gereizt auf alles um uns herum.

Liebespraxis

Manchmal geht das tage- oder wochenlang so, scheinbar ohne Grund, und manchmal kommt ein Grund aus dem ehemals heiteren Himmel. Äußere Umstände sind meist der Anlass für einen Absturz in einen niederen State. Was auch immer die Auslöser für dich sind, wenn es passiert, ist dies der beste Zeitpunkt, dein Bewusstsein wieder unter deine eigene Kontrolle zu bringen und dein Energiefeld sofort wieder anzuheben. Ein höheres Bewusstsein entsteht nicht durch das Lesen von spirituellen Büchern über positives Denken, Yoga, Meditation, Selbsthypnose und NLP, sondern durch die Erkundung, Anwendung und Übung dessen, was du bereits weißt und wofür du dich begeisterst. Wir lernen durch das Praktizieren dessen, was wir sein wollen. Die eigene Energiefrequenz zu erhöhen geht also nur mit der Absicht »Liebe«, mit der Absicht, sich selbst und allen anderen Wesen gegenüber bewusster und vor allem liebevoller zu verhalten. Puh, ein weichgespültes Wort: liebevoll. Zuckst du immer noch zusammen? Ist dir das zu viel des Guten? Ich behaupte: Wenn deine Spiritualität, oder nennen wir es deine Bewusstseinsentwicklung, nicht zu einem liebevollen Verhalten führt, steckt einfach noch zu wenig deiner seelischen Größe darin.

Dein Unterbewusstsein – dein Ankleidezimmer

Dein Unterbewusstsein ist ein ganzes Ankleidezimmer voll mit überquellenden Schubladen an Emotionen. Für ganz besonders intensive Events der Angst (Konflikte) kleidet sich dein Ego in die unterschiedlichsten Klamotten. Mal trägt es das festliche Kleid der Eifersucht, ein anderes Mal zieht es das löchrige Hemd finanzieller Sorgen an oder hüllt sich in den schweren Wintermantel der Selbstzweifel. Mal setzt es sich den allwissenden Aluhut der Erleuchtung auf den Kopf, zwängt sich in den rattenscharfen Minirock der Minderwertigkeitsgefühle oder schlüpft in die High Heels mit der roten Sohle der Überheblichkeit. Bei genauerem Hinsehen wirst du erkennen, dass nahezu deine gesamten Sorgen und Probleme in irgendeiner Form auf diesen Klamotten der Angst beruhen. Deshalb ist es umso wichtiger wahrzunehmen, dass sich die meisten Probleme in der Liebe auflösen. Angst erlaubt uns zu begreifen, warum wir hier sind, und festzustellen, was wir daraus gemacht haben. Angst lässt uns erkennen, dass wir uns nackt und ungeschminkt in anderen Menschen spiegeln.

Alle unsere Handlungen gründen sich auf Emotionen, nicht nur jene, die mit persönlichen Beziehungen zu tun haben, sondern auch Entscheidungen, die das Geschäftsleben betreffen, das gesellschaftliche Leben, die Politik, die Religion, die Erziehung, die Ernährung und die Gesundheit. Hinter vielem steht die Angst und wartet auf deine Liebe. Jede einzelne freie Wahl, die du jemals triffst, entsteht aus der Wahl zwischen den Gedanken der Liebe oder den Gedanken der Angst. Angst ist die Energie, die zusammenzieht, versperrt, einschränkt, wegrennt, sich versteckt, hortet, verletzt und zerstört. Liebe ist die Energie, die sich ausdehnt, sich öffnet, aussendet, bleibt, verbindet, enthüllt, teilt und heilt. Angst umhüllt unseren Körper mit Kleidern und Masken, Angst ist Ohnmacht, sie klammert sich an andere, hält fest und krallt sich an alles, was wir wollen und haben. Liebe gibt alles fort und lässt los, was wir haben. Liebe hält für wert und hat lieb. Liebe ist Selbstermächtigung, löst Angst auf und befreit von Zweifel. Liebe ist die Herrlichkeit der höchsten Energie im Universum und wirkt durch dein gestimmtes oder ungestimmtes Instrument in die Welt hinein.

Angstkult

Noch etwas gibt es zu bedenken: Wir Menschen können unsere geistigen Kräfte auch der Angst weihen. Auch das ist streng genommen Spiritualität. Wir schenken unser Vertrauen einer negativen, dunklen Energie. Es ist allein unsere Entscheidung, welchem »Herren« wir dienen – der Liebe oder der Angst. Fest steht jedoch, dass wir nur einem von beiden Herren dienen können – der internen Macht der Seele oder der externen Macht des Ego. Das Ego wird in der Bibel durch den Teufel symbolisiert. Dieses Gleichnis ergibt für mich absolut Sinn: Wir sind vom Ego besessen und lassen uns vereinnahmen. Wie oft am Tag fährst du so zur Hölle, wenn du dich im Ego verlierst?

> *»Himmel und Hölle sind in dir, beide Tore sind in deinem Inneren.*
> *Wenn du dich unbewusst verhältst, dann ist da das Tor zur Hölle,*
> *wenn du wach und bewusst bist, dann ist da das Tor zum Himmel.«*
> Osho

SNAP! ist ein Tor zum Himmel, denn es führt dich zu einem klaren Geist, der dir die Angst vor dem Tor zum Himmel nimmt. Die Methode darf von dir eingehend untersucht, geübt und angewendet werden. Sie ist nichts für engstirnige Menschen, die sich zu sehr darauf konzentrieren, auf ihrer Meinung zu bestehen, die aus dem Ego kommt. Wer Verbesserung will, darf sich mit SNAP! verbessern. Jedes negative Verhalten hat letztlich mit Angst zu tun und wird nichts Konstruktives erschaffen. Wenn du Teil deines Problems bleiben möchtest und dich mit diesem Energiezustand identifizieren willst, ist das deine ganz persönliche Entscheidung. Wenn ein Mensch mit einem starken Ego im Körper die Energie der Seele überragt und mit einem geringen Verstand und schwachen Willen verbunden ist, so erzeugen diese Energien primitive Begierden. Wenn ein Mensch jedoch seine Persönlichkeit mit einem klaren Bewusstsein und seiner Seele lenkt, verlangt das Göttliche in ihr nach Erweiterung auf den Gebieten der Weisheit. Unwissenheit ist die kultivierteste Krankheit des Menschengeschlechts und in uns allen aktiv, wenn wir unseren Geist vor der Entwicklung verschließen.

Stellen wir uns die richtigen Fragen?

Du bist jederzeit dazu in der Lage, für deinen Bewusstseinszustand und deine Energie Verantwortung zu übernehmen. Du darfst bereit sein, deine Energie mit Einsatz deines freien Willens zu erhöhen. Denn worauf du dich im Alltag konzentrierst, ist deine Wahl, deine Entscheidung. Stell dir nun die folgenden Fragen und beantworte sie sehr ehrlich:

- Verharrst du in alten, destruktiven und verurteilenden Programmen?
- Willst du deine Energie erhöhen, also deine Fähigkeiten, Gaben und Talente (dein höchstes Potenzial) leben?
- Bist du bereit, deine destruktiven Programme und Handlungsmuster zu transformieren?
- Bist du freien Willens, dich einer konstruktiven Form des Bewusstseins und einer höheren Wahrnehmung zu öffnen?
- Willst du dir ein bewusstes und liebevolles Verhalten aneignen?
- Möchtest du dich von der anwesenden Frustration, Destruktivität und Angst befreien?
- Hast du vor, die Abwärtsspirale zu verlassen, in die du vielleicht hineingeraten bist?
- Willst du die Widerstände, die Schuld, die Distanz, die Ablehnung, Ablenkung und den Zweifel aufgeben, die dein höchstes Potenzial blockieren?
- Spürst du bereits, wie viel wertvolle Energie du mit negativen Gedanken und Gefühlen (Störfrequenzen) und deren Nebenwirkungen verschleuderst?

Wenn du die meisten Fragen mit Ja beantwortet hast, heiße ich dich herzlich willkommen in deiner Rebellion der Liebe. Ohne jedes weitere Zögern darfst du sofort deine Programme der Vergangenheit ändern und all das auflösen, was dich in der Entfaltung deines Potenzials bremst, dich davon abhält oder den Zugang blockiert. Ich lade dich zu dieser sehr einfachen Methode ein. SNAP! darfst du ohne Vorkenntnisse anwenden und sofort deinen Bewusstseinszustand damit lenken. Mit ein bisschen Übung und festem Willen ist es dir sehr bald möglich, eine Meisterung deines Gemüts und deiner Gefühle zu erreichen. Du wirst lernen, innere Ruhe zu bewahren, einen wachen Verstand zu behalten und liebevoller zu reagieren. Du wirst friedliche Lösungen finden, anstatt dich zu sorgen, wild zu spekulieren oder zu fantasieren – über etwas, das noch gar nicht passiert ist. Du wirst dich mit der inneren Welt und deiner höheren Führung verbinden und ihre Unterstützung erhalten. Du wirst deinen Emotionen und dem Denken gegenüber sehr skeptisch werden. Du wirst in Lösungen denken und Frieden schaffen mit deinem täglichen Verhalten.

Keep it simple and holy!

> *Du musst nicht alles lieben, was in der Welt passiert,*
> *doch die Welt braucht all die Liebe, die du geben kannst.*

DIE ENERGIE DER LIEBE

Du hast es sicher schon öfter irgendwo gehört oder gelesen, liebe Schwester. Es ist nichts Neues für dich, wenn dir jemand erzählt: »Du kannst die Menschen nicht verändern, du kannst nur dich selbst ändern.« Wir wissen das! Dennoch wir manipulieren weiter, wenn sich andere nicht so verhalten, wie wir das gerne hätten. Wir versuchen, an Menschen herumzudoktern, sie zu reparieren, zu ändern und zu kontrollieren. Wir tun dies auf vielfältige Weise und reden uns dabei ein, dass wir das nur zu ihrem Besten tun. Sind wir wirklich so selbstlos? Dass wir nach Sicherheit suchen, während wir nach weltlicher Macht und Kontrolle streben, fällt uns dabei überhaupt nicht auf. Wir sind uns dessen nicht bewusst. Die externe Macht basiert auf Angst und nicht auf Liebe. Wir gehen der Angst ja selbst immer noch regelmäßig auf den Leim.

Wir wollen die Welt nur aus einem einzigen Grund ändern: Was vermissen wir in der Welt, wenn wir uns darüber aufregen, wie sie zum momentanen Zeitpunkt ist? Wir vermissen Liebe. Liebe ist immer die Antwort. Wir wünschen uns mehr Liebe in der Welt, in unseren Beziehungen, am Arbeitsplatz, in der Politik und in allen Ländern der Erde. Möge doch endlich Frieden sein und Liebe für die Natur und die Tiere. Der Krieg ist noch in uns, sonst würden wir uns nicht den Frieden herbeisehnen. Mehr Liebe ist der Schlüssel für all unsere Probleme. Das wissen wir. Und wir haben recht, so verdammt recht. Wir sehen und spüren sofort, wo Liebe fehlt, und dennoch erwarten wir sie von außen, von den anderen. Dass wir selbst jederzeit auf die Liebe Zugriff haben, scheint sich unserer Aufmerksamkeit völlig zu entziehen. Kaum ist jemand unhöflich zu uns, empören wir uns darüber und blöken mindestens genauso unfreundlich zurück. Wir hätten ja auch was Nettes sagen oder goldig schweigen können, aber wir sind mit der Energie, die wir empfangen haben, in Resonanz gegangen und haben sie zu unserer eigenen gemacht. Und das ist nur ein sehr harmloses Beispiel. Das ist wie beim Tennis: Wir spielen dieses Hin-und-her- und Auf-und-ab-Spiel so lange, bis es uns bewusst wird.

Was würde die Liebe tun?

Wir alle können täglich viele Beispiele aufzählen, weil wir täglich kläglich daran scheitern, mehr Liebe in die Welt zu bringen. Sogar bei negativen Stimmungen unserer Liebsten – Freundinnen, Schwestern, Lebensgefährten, Kindern und Kollegen – reagieren wir selten liebevoll mit Ruhe und Gelassenheit. Wir schlucken und schlucken wie ein Mülleimer den Widerstand, bis er aus uns herausbricht, wenn nur jemand mal kurz den Deckel anhebt. Wir nehmen alles sofort persönlich, und das Ego schießt aus allen Rohren zurück. Wie würde die Liebe reagieren? Mit Mitgefühl, auch das wissen wir. Mit Dankbarkeit, dass wir diese Menschen um uns haben, auch wenn sie gerade nicht das tun, was wir für das Beste halten. Wenn wir aber weiterhin nach dem Prinzip »Auge um Auge, Zahn um Zahn« agieren, halten wir genau jene Energie aufrecht, die wir kritisieren. Wir dürfen unser Verhalten ändern, wenn wir liebevoller sein wollen, so viel steht fest. Das wird nicht nur uns verändern, uns glücklicher und zufriedener machen, sondern auch alle um uns herum. Und es passiert noch etwas sehr Wichtiges dabei: Wir verändern mit voller Absicht unser Energiefeld, wenn wir bewusst unseren freien Willen nutzen und der Welt geben, was sie am meisten braucht – unsere Liebe.

Das Allheilmittel

Wo wird Liebe am meisten gebraucht? Da, wo sich Menschen mit Zweifeln, Angst, Wut oder Sorge quälen. Unser Herz fühlt diese Schwingungen in den Menschen sehr gut. Wir merken es, wenn es jemandem nicht gut geht. Spätestens die Wortwahl verrät die Stimmung. Jemand, der beschimpft, beschuldigt und verurteilt, lästert oder jammert, dem geht es nicht wirklich gut. Ein Mensch, der gerade in einer hohen Schwingung, voller Freude und Dankbarkeit ist, wird nichts von dem hier eben Aufgezählten tun. Und wenn wir uns dabei einklinken und mitmachen, begeben wir uns auf dieselbe Frequenz.

Wir könnten stattdessen Fragen stellen: Was bedrückt dich? Was kann ich für dich tun? Wir können zuhören und unsere volle Aufmerksamkeit schenken, unsere ganze Präsenz. Menschen, die Negativität zelebrieren, haben unbearbeiteten und offenen Schmerz, sie haben Leid und Machtlosigkeit erfahren und sie holen die Vergangenheit täglich aufs Neue in ihr Leben, bis sie sich dessen bewusst werden. Wir kennen das selbst, und wie reagieren wir darauf? Wie reagieren wir auf Negativität? Solange wir mit der Energie von Ärger, Wut oder Hass darauf reagieren, erhalten wir die Negativität am Leben. Wir halten auf diese Weise unsere Frequenz niedrig; wir klagen an und verurteilen und fallen in das trennende Ego. Wenn wir uns dessen jedoch bewusst sind, sind es unsere Liebe und unser Verzeihen, die nun gefordert sind. Reagieren wir mit Negativität und Angst, so nähren wir das, was wir nicht mehr am Leben erhalten und füttern wollen. Genau deshalb ist es so wichtig, spirituell zu wachsen, sich auf höhere Ebenen emporzuschwingen und sich seiner wahren Größe und Kraft bewusst zu werden. Wenn unsere Spiritualität nicht zu einer positiveren Reaktion auf Negativität führt, wozu ist sie dann gut? Wozu die ganzen Workshops über Selbstliebe, Achtsamkeit und noch mehr spirituelles Gedöns?

Jeder Konflikt zählt

Wir sind gerade in einem Konflikt mit jemandem? Die Trompete wird gebeten zu trompeten, und die Pauke braucht wie immer einen Hau. TROMMELWIRBEL! Hervorragend! Der Countdown läuft! Jetzt ist der Moment, in dem all unsere Seminare, Meditationen, Workshops, Kurse und die »Arbeit an uns selbst« auf den Prüfstand kommen. Zugegeben, wir sind alle keine Heiligen. In Situationen, in denen Angst getriggert wird, reagieren die meisten Menschen mit negativen Vibes. Am besten geben wir uns rechtzeitig Bescheid, wenn wir mal wieder eine Arschbombe in unsere Ängste machen und dabei lieblos, manipulativ, neidisch, unehrlich, dominant, gierig, berechnend, missgünstig und unbewusst zu uns selbst und anderen sind. Warum fällt es uns so schwer, das zuzugeben? TUSCH!

Spirituell zu wachsen bedeutet auch, zu seinen Schwächen, Fehlern, Ticks und Macken zu stehen und sie als Teil eines ganzen Universums zu sehen, das alles andere als perfekt sein muss. Ein Mensch, der ganz zu sich selbst steht, mit allem, was zu ihm gehört, und der daraus auch noch das Beste macht, gilt als authentisch, und das gefällt uns, weil es eine machtvolle Energie hat, eine ehrliche, bescheidene und auch demütige Energie. Wen wundert es da noch, wenn diese Menschen aus ihren vermeintlichen Schwächen und Fehlern auch noch Stärken machen und damit meist sehr erfolgreich sind?

> *Das Leben gibt dir Geschenke*
> *in Gestalt von Menschen, Umständen und Lebenssituationen.*
> *Diese Geschenke sind nicht immer liebevoll und schön,*
> *doch wenn du sie annimmst, auspackst und nutzt,*
> *erkennst du ihren wahren Wert,*
> *der immer deiner Liebe würdig ist.*

Liebe und das Energiefeld

Dein Energiefeld entspricht der Qualität der Liebe in deinen täglichen Gedanken und Gefühlen. Die Energie der Liebe lenkt deine momentane Energiefrequenz immer in himmlische Richtung. Sie wirkt wie eine Stimmgabel in der Musik, die jedem Instrument den reinen Ton vorgibt. Jeder Mensch schwingt auf seiner seelischen Entwicklungsstufe und somit hat jeder Mensch auch eine andere Tonlage (Frequenz). In dieser Frequenz gibt es Schwankungen, reine Töne und schiefe Töne, die man als Störfrequenzen bezeichnen kann. Jede verkörperte Seele hat die Lebensaufgabe, den Körper und sein Denken (Geist) mit der Seele in Einklang zu bringen und seine Schwingung Oktave um Oktave zu erhöhen. Mit einem wachen Bewusstsein beginnst du, die Negativität in deinen Gedanken und Gefühlen wahrzunehmen, und dein freier Wille wird aktiv. Deine Seele weiß, was du zu be-stimmen hast. Was mehr Reinheit braucht, wirst du in deinem Alltag als negative Gedanken und Gefühle – in Konflikten mit dir selbst oder anderen – erfahren. Die Frequenzen der Liebe, Freude und Dankbarkeit bringen dich in den Seinszustand der Ruhe, und in dieser köstlichen Grundenergie wendest du deinen Blick immer tiefer nach innen. Du kommst in Verbindung mit deiner Seele. Sie ist deine Kraftquelle, und verbunden mit ihrer hohen Energie verfeinerst und erhöhst du deine Wahrnehmung.

Die Energie deiner Seele führt dich immer näher zu deinen göttlichen Qualitäten: authentische Stärke, wahre Schönheit und innere Weisheit. Mit diesen göttlichen Eigenschaften schwingst du in den Frequenzen der Liebe, weil sie deiner Seele guttun, den Körper heilen und Harmonie, Wahrheit sowie Freiheit in dein Leben bringen. Ganz besonders wertvoll und wichtig sind ein stabiler Seinszustand und ein positives Verhalten in Machtkämpfen und Konfliktsituationen, in denen man in die niedrigen Frequenzen zu fallen und mit Wut, Angst oder Selbstmitleid zu reagieren droht. Damit machst du dich ohnmächtig. Du hast deine Gedanken und Gefühle nicht unter Kontrolle, im Gegenteil, deine Gedanken und Gefühle kontrollieren dich. Deine Handlungen sind von der Angst geführt und verursachen Trennung, Chaos, Krieg und Verletzung.

Wahrer Reichtum

Aus einer hohen Frequenz heraus bringst du mehr Liebe in deine Handlungen, du bist Teil dessen, was passiert, und hast somit keine Angst mehr vor Konflikten. Deine Handlungen sind von einer klaren Absicht geführt und verursachen Verbindung, Harmonie, Frieden und Heilung. Was auch immer deine Ziele sein mögen, ob du noch viele weltliche Wünsche und Sehnsüchte hast oder in deiner spirituellen Entwicklung vorankommen willst: In Verbindung mit deiner Seele wirst du deine Wünsche und Ziele mit Liebe und Positivität angehen. Du wirst dich sicher öfter fragen, warum dich dieses oder jenes nicht in Ruhe lässt. Liebe ist die Antwort. Jeder Mensch und jede Situation sind in deinem Leben, um dich in die Ruhe zu bringen, die wir Liebe nennen. Solange da keine Ruhe in dir ist, lässt dich das Leben nicht in Ruhe. Liebe lässt dich nicht in Ruhe, bis du dich wirklich liebst – bedingungslos. Du findest in ihrer Energie in dein wahres Potenzial und entdeckst dein Warum, den Grund, warum du auf diese Welt gekommen bist, und was nur du allein in diese Welt hineingeben kannst. Du tust dies nicht mehr für dein Ego, du tust es zum Wohle aller, im Dienst der Allgemeinheit. In einem erweiterten Bewusstsein möchtest du dich nicht mehr materiell, sondern spirituell bereichern. In einem liebevollen Seinszustand nährst du das kollektive Bewusstsein auf deine ganz einzigartige Weise. Mit deiner positiven Energie und einem Leben aus tiefster Seele bist du ein wahrer Energiespender. So, wie nur du es kannst, wenn du dich bedingungslos liebst (siehe die folgende Übung auf Seite 107: JA, AUCH DAS!).

Durchlässig und entspannt mit drei magischen Worten

Wie sehr du dich selbst wertschätzt und liebst, erkennen andere daran, wie konsequent du deine Größe lebst und vor allem wie ehrlich du zu deinen Schwächen stehst. Unsere geistige Klarheit erschafft unsere Umgebung, erschafft die Menschen in unserem Leben, erschafft unsere Realität, einfach alles: unsere Freude und unser Leid. Jetzt wirst du vielleicht lachen und sagen: Ja, aber selbst die Menschen, die ich liebe, behandeln mich manchmal ungerecht. In diesen Momenten kommt die berühmte und oft zitierte Selbstliebe ins Spiel. Die Meinung anderer über dich darf dir nicht mehr bedeuten als deine authentische Liebe zu dir selbst. Menschen suchen sich gern einen »Schuldigen«, denn das ist einfacher, als sich selbst zu reflektieren. Das ist der Weg des geringsten Widerstandes.

Große Egos projizieren ihre eigenen Themen auf andere, denn sich selbst zu reflektieren erzeugt mindestens ebenso großen Widerstand. Dabei können wir mit Klarheit uns selbst und anderen große Dienste erweisen. Und sollte jemand etwas über uns sagen, das uns nicht gefällt, dann sollten wir mal genauer hinsehen. Oha, da kratzt wer an meinem Ego, an meinem falschen Selbstbild. Interessant! Wo kann ich das Gemein(t)e bei mir finden? Sobald wir anfangen, uns die eigenen Fehler, Charakterschwächen und negativen Programmierungen einzugestehen und uns dennoch als eine Ganzheit zu sehen, sind wir auch in der Lage, diese dunklen Flecken mit mehr Liebe in eine neue Qualität zu verwandeln: in Durchlässigkeit, die zu heilsamen Einsichten führen kann. Das kann Beziehungen enorm entspannen. Egal, was also jemand zu uns sagt und über uns denkt: Sehen wir lieber erst mal nach, ob wir einen Anteil seiner Wahrheit bei uns finden.

Ein Geschenk für dich

Ich möchte dir drei magische Worte schenken, die du in Konfliktsituationen nutzen kannst, um die vielen Wahrheiten über dich in deine Selbstreflexion einzubauen. Drei Worte, die dich enorm durchlässig machen. Probiere sie aus, sie werden dein Leben ab sofort reicher und wesentlich entspannter machen. Vor allem kannst du bei dieser Antwort lächeln, weil du eine weitere herausragende Qualität besitzt: deinen unerschütterlichen Humor. Jemand sagt vielleicht zu dir: »Du bist arrogant!«, und du darfst das annehmen: »JA, AUCH DAS!« Was ist so schlimm an dieser Wahrheit? Wie oft stellst du dich über andere und weißt alles besser, hältst dich für unersetzlich, sprichst herablassend über andere und hältst deine Meinung für richtiger? Gib es gern zu: klarer Fall von Arroganz. Sag: »JA, AUCH DAS!« Denn das, was dir vorgeworfen wird, ist wahr. Ja, ich kann durchaus arrogant sein. Denk an die Situation, in der du genau das, was dir jetzt jemand vorwirft, warst oder getan hast. Selbsterkenntnis ist bekanntlich der erste Weg zur Besserung und die Einsicht wird mit zunehmender Authentizität wachsen.

Und weiter geht es: »Du bist berechnend!« Wie oft denkst du nur an deinen Vorteil, hast keine Lust zu helfen, weil du nichts dafür als Gegenleistung bekommst? Gib es doch einfach gern zu: klarer Fall von Kalkül. Sag: »JA, AUCH DAS!« Das, was dir vorgeworfen wird, ist ein Aspekt deiner Wahrheit. Ja, ich kann durchaus berechnend sein. Und so geht es munter weiter...

»Du bist großartig!« – »Ja, auch das.«

»Du bist überheblich!« – »Ja, auch das.«

»Du bist das Beste, was mir je passiert ist!« – »Ja, auch das.«

»Du bist das totale Chaos!« – »Ja, auch das.«

Du bist verlogen, bekloppt, bescheuert, verurteilend, verletzend, scheinheilig, neidisch, missgünstig, ein Opfer, ein Täter, eine Prinzessin, gierig, ungeduldig, dumm, kindisch, unbelehrbar, egoistisch, total irre und dickköpfig! Aber auch: wundervoll, liebevoll, ehrlich, vertrauensvoll, dankbar, großzügig, vergebend, männlich, weiblich, reif, geduldig, behutsam, weise und klug. »JA, ALL DAS KANN ICH SEIN!« Gib zu, dass du all das sein kannst und noch viel mehr – und diese Wahrheit wird dich befreien.

Dankbarkeit

Wenn dein Herz voller Dankbarkeit ist, kann jeder Konflikt eine Verwundung deiner Seele heilen. Die Energie der Dankbarkeit kommt tief aus dem Herzen. Sie wird im Herzen geboren, steigt in deiner Wirbelsäule auf und öffnet die Energiezentren in deinem Körper. Wer dankbar sein will, es aber nur im Kopf mit seinen Gedanken erzwingen will, ist nicht mit ihrer wundersamen und alles in ihren Bann ziehenden magnetischen Energie erfüllt. Dankbarkeit ist in aller Munde, weil das gerade »in« ist, und viele schwelgen zu Marketingzwecken in wahren Dankeshymnen. In Wirklichkeit wollen sie nur ihr Produkt verkaufen oder etwas bekommen, das sie haben wollen – Dankbarkeit als Mittel zum Zweck. Das jedoch hat mit der tief empfundenen Liebe und Freude, die mit der Energiefrequenz der Dankbarkeit einhergeht, nicht viel zu tun. Dankbarkeit ist eine große und mächtige Kraft. Sie hat sogar die Macht, vergangenes Leid in ein tiefes Verstehen zu verwandeln. Dankbarkeit kommt Arm in Arm mit ihrer Schwester Demut und ihrem Bruder Bescheidenheit. Daran können wir sie gut erkennen. Sie wird meist nicht herausposaunt, sondern verleiht in stillen Momenten den Augen der Menschen ihren strahlenden Glanz.

Nichts ist selbstverständlich

Wie kannst du dankbarer werden, wenn du wenig Dankbarkeit fühlst? Beginne mit den kleinen Dingen, um dein Herz mit den Funken ihrer Freude zu befruchten. Setz dich im Winter vor deine Heizung und fühle dankbar, dass sie dich wärmt. Stell dir vor, es herrschten minus 20 Grad Celsius und die Heizung wäre kaputt. Du findest das albern? Dann hast du das vermutlich noch nie erlebt. Die ganze Wohnung oder dein Haus ist eiskalt, kein warmes Wasser zum Duschen und du bis in die Knochen schlotternd in Decken gehüllt. Wir halten vieles um uns herum für selbstverständlich, daher mangelt es uns an Dankbarkeit. Es sind die klitzekleinen Dinge, die uns wahre dankbare Energie spüren lassen. Für das Auto, das dich fährt, wohin du willst. Stell dir vor, es ist kaputt und du hast kein Geld für die Reparatur. Schon mal erlebt? Schau dankbar in deinen vollen Kühlschrank mit all den leckeren Sachen, die du liebst. Du findest das übertrieben? Stell dir vor, du kannst monatelang nur Nudeln mit Tomatensoße essen, weil ein schwerer Schicksalsschlag dich bettelarm gemacht hat. Du hast das noch nicht erlebt? Sei dankbar dafür, andere hatten nicht so viel Glück. Vielleicht ist das der Grund, warum Menschen, die wenig haben, wirklich dankbarer und großzügiger sind als Menschen, denen die Fülle in die Wiege gelegt wurde. Schau dir an, wie andere Menschen leben, weil sie es nicht anders wollen oder können. Habe Ehrfurcht vor ihnen. Es gibt viele unter ihnen, von denen wir Zufriedenheit lernen können, weil sie herzensgut und weise sind.

Verwechsle bitte niemals äußeren Reichtum mit innerem Reichtum. Es gibt viele (innerlich) arme Menschen, die nur viel Geld haben und gut horten können, die weder teilen noch geben können. (Äußerlich) reiche Menschen leben nicht selten in der Energie des Mangels und der Einsamkeit. Da sie große Angst haben, ihren Besitz zu verlieren, und da sie ihre Größe nur auf materiellen Dingen begründen, denken sie, jeder wolle ihnen ihren Reichtum wegnehmen oder nur deswegen mit ihnen zusammen sein. Menschen, die wahre Größe haben, wissen, dass sie ihnen niemand wegnehmen kann. Niemand kann dir deine Liebe und Verbindung mit der Seele wegnehmen! Wenn es dir finanziell gut geht, tu anderen, die wenig haben und Hilfe brauchen, etwas Gutes. Ihre dankbare Energie wird dein Herz mit Freude erfüllen. Dankbarkeit ist ein großer Schatz in deinem Himmel. Wir sind reiche Menschen, weil wir viel mehr haben, als wir brauchen, und dennoch leben wir in der Energie des Mangels. Materielle Dinge erfüllen die Seele nicht, daher fühlen wir uns unerfüllt und versuchen, dieses Vakuum mit materiellen Dingen auszugleichen. Doch kaum nennen wir das begehrte Ding eine Weile unser Eigen, so verliert es allmählich die Kraft und Bedeutung, die es für uns hatte. Wir dürfen daher beginnen, die Dankbarkeit zu kultivieren und zu segnen, was wir haben.

Der SNAP!-State: Dein neuer Seinszustand

Dein State ist die Summe aller millionenfach ablaufenden neurologischen Prozesse in deinem Körper, geistige (psychische) ebenso wie körperliche (physische). Die meisten deiner Seinszustände entstehen jedoch ohne deine bewusste Führung. Du siehst, hörst, fühlst oder denkst etwas und reagierst mit einem bestimmten Seinszustand darauf. Dieser Zustand kann hilfreich und nützlich oder engstirnig und blockierend sein. So oder so, die meisten von uns tragen nicht viel dazu bei, ihre Zustände unter Kontrolle zu bringen.

Den wenigsten Menschen ist bewusst, dass uns Gefühle und Gedanken nicht von außen wie Bakterien und Viren befallen, sondern dass sie in uns erzeugt werden. Die meiste Zeit tun wir das unbewusst. Und genau aus diesem Grund fällt uns Veränderung auch so schwer. Vielleicht erging es dir in der Vergangenheit wie so vielen anderen Menschen. Du wolltest mehr Sport treiben, gesünder essen, fleißiger oder liebevoller mit deinen Mitmenschen sein, bist damit jedoch immer wieder gescheitert. Und warum? Weil du noch nicht verstanden hast, dass du erst deinen Seinszustand (State) verändern darfst, weil dieser dein Verhalten bestimmt.

> *Liebevolles Verhalten kommt aus einem liebevollen Seinszustand.*
> *Bewusstes Verhalten kommt aus einem bewussten Seinszustand.*
> *Gesundes Verhalten kommt aus einem gesundheitsorientierten Seinszustand.*

Dein Verhalten ist das Ergebnis des Seinszustandes, in dem du dich befindest. Du machst immer das Beste aus den Ressourcen, die dir zur Verfügung stehen, aber manchmal befindest du dich in einem Zustand, in dem du einfach keine Ressource mehr hast. Die Lösung liegt darin, die Verantwortung für deinen State und somit auch für dein Verhalten zu übernehmen. Wie wäre es also, wenn du nur mit dem Finger zu schnippen bräuchtest und so jederzeit einen dynamischen, ressourcenreichen Zustand herstellen könntest, einen Zustand, in dem du davon überzeugt bist, dass du deine Ziele erreichen wirst, dass du voller Energie, hellwach und klaren Geistes bist? Das ist einfacher, als du vielleicht glaubst! Der Schlüssel zur Macht liegt bereits in deiner Hand. Der Unterschied zwischen Menschen, die ihre Ziele im Leben erreichen, und solchen, die sie nicht erreichen, besteht darin, dass Erstere sich in einen Seinszustand versetzen können, der sie in ihrem Handeln bestmöglich unterstützt.

Das Streben nach Glück

So gut wie alles, was wir uns wünschen, hat damit zu tun, bestimmte Seinszustände zu erreichen. Streng genommen hat alles, was wir tun, nur ein Ziel: Wir wollen uns besser fühlen. Wir wollen mehr Lebensfreude empfinden. Wir tun also alles, was wir tun, um Freude zu haben – kaum zu glauben, wie simpel wir sind! Nur haben wir uns wohl manchmal in Richtung Angst verirrt. Mach dir doch einmal eine Liste von allen Dingen, die du gern haben möchtest. Wünschst du dir Liebe? Nun, Liebe ist ein Zustand, ein Gefühl, das wir uns gegenseitig signalisieren und das aufgrund verschiedener Reize, die von außen auf uns einwirken, in uns entsteht. Wünschst du dir ein großes, tolles Auto und eine große Villa noch dazu? Oder wünschst du dir das Gefühl von Heimat, Sicherheit, Status und Macht? Das alles sind Seinszustände, die du selbst in dir erzeugst. Für diese Seinszustände darfst du nicht nur deine äußere Welt verändern, sondern vor allem deine innere Welt.

> *Dein höchster Seinszustand ist sein Normalzustand:*
> *Gottes Bewusstsein.*

SNAP! ist wie Unkraut jäten

Bei SNAP! geht es vor allem darum, negative Seinszustände zu neutralisieren, um damit einen Raum für mehr Bewusstsein, Dankbarkeit und Liebe zu schaffen, die schließlich aus der Verbindung mit deinem Herzen und deiner Seele ganz von allein entstehen und sich entfalten können. Das Leben ist wie ein Fluss. Es ist ständig in Bewegung, und du bist dem Fluss ausgeliefert, wenn du deine Stimmen und Bilder im Kopf nicht gezielt in eine bestimmte Richtung lenkst. Wenn du nicht den Samen der gewünschten Resultate aussäst, wird Unkraut wuchern – ganz von allein. Wenn du deinen Geist und deine Seinszustände nicht bewusst steuerst, werden sie dich steuern. Dann werden beliebige Umstände Seinszustände hervorbringen, die dir nicht guttun.

Im übertragenen Sinn geht es also darum, deinen Garten von Unkraut zu befreien, damit die Samen deiner Seele und deines Herzens wachsen, gedeihen und blühen können. Daher ist es entscheidend, dass du in Zukunft das Tor zu deinem Geist bewachst und entscheidest, wie du dir die Ereignisse in deinem Leben repräsentierst. Das Unkraut in deinem Garten muss täglich gezupft werden! Wenn du dich nicht bewusst für einen Seinszustand entscheidest, wird irgendein äußerer Auslöser – eine Unterhaltung mit einer Bekannten, eine Fernsehsendung, die Nachrichten, das Wetter, die Meinung eines Mitmenschen, ein Facebook-Post oder sonst irgendetwas – »Zustände« in dir erzeugen, und diese Zustände führen zu Verhaltensweisen, die für dich nicht hilfreich sind.

Den Seinszustand aktiv verändern

Du hast wahrscheinlich bisher, wie die meisten Menschen, nur sehr wenig unternommen, um den Seinszustand, in dem du dich gerade befunden hast, aktiv und bewusst zu verändern. Du warst entweder deprimiert oder voller Energie. Angenehme Erfahrungen haben dich beflügelt, schlechte Erfahrungen haben dich niedergeschlagen. Allerdings hast du dir oft gewünscht, deinen eigenen Seinszustand beeinflussen zu können, denn jeder versucht auf seine Art und Weise, Glück, Freude, Begeisterung und Zufriedenheit zu erleben und Frustration, Zorn, Ärger, Zweifel und Langeweile zu überwinden.

Um negativen Gefühlen, Gedanken und Seinszuständen aus dem Weg zu gehen, hast du bisher vielleicht den Fernseher eingeschaltet, Netflix geschaut oder dich mit Facebook, Instagram und Co. abgelenkt. Hier hast du dir neue Bilder und Vorstellungen geholt, die dich erheitern und dich deine Frustration vergessen lassen. Andere gehen essen in ein Restaurant, rauchen eine Zigarette oder nehmen Drogen. Im günstigsten Fall gehen sie an die frische Luft oder ins Fitnessstudio. Das einzige Problem bei alledem ist nur, dass die Wirkungen nicht dauerhaft anhalten. Wenn das Fernsehprogramm zu Ende ist, hast du wieder dieselben Repräsentationen (Gedanken, Stimmen und Bilder in deinem Kopf) von deinem Leben wie zuvor. Sobald die Wirkung des stimmungsverändernden Mittels vergeht, fällst du in deinen alten State zurück und fühlst dich wieder schlecht. Außerdem musst du in einigen Fällen der Ablenkung noch den Preis für deine vorübergehende Zustandsveränderung zahlen. Entweder hast du deine kostbare Lebenszeit vertrödelt oder dich mit Stimulanzien vollgepumpt, die dich dick, krank oder abhängig machen.

Warum greifen so viele Menschen zu Drogen? Es ist viel einfacher, als wir alle denken. Nicht weil sie sich gern Nadeln in den Arm stecken, sondern weil ihnen der kurzfristige Rauschzustand künstliche Glückseligkeit (Freude) verschafft. Es mangelt ihnen an Verbindung. Ihre Seele sucht die Freude, die Energie ihrer wahren Natur, die Liebe. Diese Gefühlsänderung gefällt ihnen, und sie kennen keine andere Möglichkeit, ihn aus sich selbst heraus zu erreichen. Das Gleiche gilt für Fast Food, Süßigkeiten und Alkohol.

> *Die Liebe verbindet Unmögliches,*
> *um sich möglich zu machen.*

Kapitel 4

ICH BIN IN VERBINDUNG

DIE MACHT DER SEELE

> *Ein bewusster Moment ist wie ein guter Wein,*
> *er reift mit der Zeit zu einem berauschenden Gefühl der Ehrfurcht heran.*
> *Eine kosmische Flutwelle umfließt das Herz*
> *und verschafft sich einen majestätischen Eintritt in die Seele.*
> *Jeder einzelne, mit allen Sinnen wahrgenommene Augenblick*
> *fühlt sich an wie ein samtweicher und geschmeidiger Körper.*
> *Man möchte diesen Moment am liebsten in seiner Achtsamkeit*
> *kauen und für ewig in jeder Zelle speichern.*
> *Es ist unmöglich, die Sekunden einer heiligen Wahrnehmung*
> *zählen zu wollen, da sie außerhalb der Zeit existiert.*
> *Die Tore des Herzens öffnen sich weit*
> *und die Seele ist für die Fülle des Lichts bereit.*

Der Unterschied zwischen Ego und Seele

Je nachdem, für welche Identität du dich entscheidest, wird dies enorme Auswirkungen auf dein Leben und dein Handeln haben. Die Seele sucht die Herausforderung und die Stimulationen, die mit Liebe und anspruchsvollen Zielen verbunden sind. Das Ego sucht die Sicherheit des Vertrauten und Problemlosen. Je geringer dein Bewusstsein für deine Seele ist, desto geringer ist die Kenntnis deiner wahren Fähigkeiten und desto weniger wirst du sie leben; du wirst dich im Herzen unerfüllt fühlen. Je höher das Bewusstsein für deine Seele ist, desto stärker ist der Drang, dich selbst und deine Liebe zum Ausdruck zu bringen. Je geringer das Bewusstsein für deine Seele ist, desto dringlicher ist das Bedürfnis, deine Seele zu vergessen, indem du vorzugsweise oberflächlich und unbewusst lebst. Je höher das Bewusstsein für deine Seele ist, desto offener, ehrlicher und angemessener ist deine Kommunikation, weil du an den Wert deiner Gedanken glaubst und weil du Klarheit schätzt, anstatt sie zu fürchten. Je höher das Bewusstsein für deine Seele ist, desto mehr behandelst du andere mit Respekt, Wohlwollen, gutem Willen und Fairness, weil du andere nicht als Bedrohung oder Konkurrenz empfindest.

Liebe ist nichts, was man bekommen kann – Liebe ist etwas, das du bist. Sie entsteht in dir selbst auf der Basis deines Bewusstseins für die Seele und des natürlichen Wertes, den wir in uns sehen. Nur dann können wir auch Liebe geben, weil wir uns wertvoll fühlen und davon überzeugt sind, die Liebe verdient zu haben.

Ohne ein wertschätzendes Gefühl für uns selbst haben wir nur sehr wenig zu geben, abgesehen von unseren unbefriedigten Bedürfnissen. In dieser emotionalen

Verarmung sehen wir andere im Wesentlichen als Quelle der Anerkennung, Wertschätzung oder Ablehnung, die uns Angst macht. Wir schätzen andere Menschen nicht als eigenständige Personen und Seelen. Wir sehen in ihnen nur, was sie für uns tun oder nicht tun können. Wir halten nicht nach Personen Ausschau, die wir bewundern und mit denen wir das Spannende, Aufregende am Leben und das Abenteuer des Lebens teilen können. Wir halten dann Ausschau nach Personen, die uns nicht verurteilen und vielleicht sogar von uns als Person beeindruckt sind, um unseren Hunger nach Anerkennung und Wertschätzung zu stillen. Ohne Wertgefühl und Seelenbewusstsein für uns selbst bleibt die Fähigkeit zu lieben unerfüllt. Und das ist der einzige Grund dafür, dass Beziehungen so oft scheitern. Sie scheitern nicht, weil die Vision von einer leidenschaftlichen oder romantischen Liebe irrational ist; sie scheitern, weil das Bewusstsein für unsere wahre Größe fehlt. Du wirst viel schneller in diese Größe finden und aus ihr heraus handeln können, wenn sich deine täglichen Gedanken und Gefühle in Einklang mit deiner Seele befinden. Je vertrauensvoller du dich von ihrer Stimme, der Intuition, führen lässt, umso erfolgreicher wirst du deine Absichten verfolgen und deine Ziele erreichen. Dein Verstand hat nur begrenzte Lösungen für deine Probleme; in Verbindung mit einer höheren Weisheit jedoch fügen sich die Dinge mit einer Leichtigkeit und Perfektion, die du dir niemals hättest träumen lassen.

Du bist seelengroß

Sobald du deinen Wert und deine Identität aus deiner Seele holst, bedeutet das, dass dein innerer Bezugspunkt nicht mehr die Geschichten deines Ego und die Objekte deiner Erfahrung sind. Deine Quellen sind nun deine Seele und der göttliche Funke, aus dem alles entsteht. Dein Fokus wechselt vom Grobstofflichen zum Feinstofflichen. Sobald du die Erfahrung machst, dass du nicht die Gedanken und Gefühle deines Ego bist, sondern dass Gedanken und Gefühle im Körper entstehen, hast du dich auf den Kopf gestellt und die Sichtweise deiner Seele eingenommen.

Damit beschreitest du einen sehr mutigen Weg, den Weg der Unsicherheit. Während das Ego ständig versucht, eine Welt zu erklären, die man nicht erklären kann, geht die Seele den Weg der Unsicherheit. Sie weiß, dass die Suche nach Sicherheit in einer Welt, die man nicht erklären kann, ein Hirngespinst ist. Sicherheit kann es nur geben, wenn wir die Welt verstehen könnten, und das können wir nicht. Wir können uns nur auf sie einlassen oder uns krampfhaft an unsere kleinen Erklärungsversuche klammern. Wir glauben dann, etwas zu wissen, und bei diesem Glauben belassen wir es – wir verschließen uns vor einer weitaus größeren Wahrheit. Unser Geschichten erzählendes Ego hasst Unsicherheit, deshalb erzählt es auch ständig Geschichten. Und es ist ihm völlig egal, ob sie wahr sind oder nicht, Hauptsache, es kann sich irgendwie das Unerklärliche erklären. Ich wünsche mir so sehr, dass diese Zeilen dich ein bisschen neugieriger darauf machen, wer du ohne deine Geschichten bist.

Vertraue deiner Seele

Wahres und echtes Selbstvertrauen erlangen wir nicht durch die prahlerischen Geschichten des Ego, wahres Selbstvertrauen haben wir nur und ausschließlich, wenn wir uns unserer Seele anvertrauen. Ein Leben in Größe zu führen bedeutet, ein Leben in »seiner Größe« (göttliches Bewusstsein) zu führen. Wir leben ein Leben, in dem wir die Richtung bestimmen; wir dürfen eine Energie wählen, die von einer höheren Weisheit gespeist wird. In Unschuld und Schlichtheit liegt natürliche Größe. Solch eine Qualität lässt sich nicht erzeugen. Einzig und allein deine Seele strahlt dieses Vertrauen aus. Und nur, indem du deine Seele entdeckst und dich für sie entscheidest, kannst du die Schönheit und Wahrheit ausstrahlen, die in deinem Leben von Natur aus angelegt ist. Selbstvertrauen kann man also nicht lernen, genauso wenig, wie man Selbstbewusstsein lernen kann. Es entsteht von allein, sobald dir die Geschichten des Ego nicht mehr im Weg stehen. Ein Leben in Verbindung mit der Seele bedeutet, die Fähigkeit Liebe zu intensivieren und sie zu leben. Jedes Problem auf unserem Weg können wir mit dem Verstand auf Unterschiede und Trennendes hin analysieren oder es mit dem verbindenden Zugang zu unserer inneren Weisheit lösen.

Ich beobachte so viele Menschen, die ständig gegen sich, gegen andere und gegen die Ereignisse in ihrem Leben und der Welt ankämpfen. Und warum? Weil das Ego immer bestätigt, respektiert, anerkannt und wertgeschätzt werden will. Unsere wahre Großartigkeit aber ist nicht von dem Respekt der anderen abhängig. Nein, der einzige Respekt, der in diesem Leben etwas bedeutet, ist der Respekt vor uns selbst. Und ich möchte noch ein wenig weitergehen und diesen Satz noch tiefer ausführen:

> *Der einzige Respekt, der in diesem Leben wirklich Liebe bewirkt, ist der Respekt, der sich in Ehrfurcht wandelt. Ehrfurcht vor jeder Seele.*

Das ist der wahre Kern des Selbstrespekts. Diese Art von Selbstrespekt meint nicht, dass wir uns beweisen müssen, sondern dass wir unsere bereits innewohnende Kraft und Größe einfach nur wiedererkennen dürfen. Nein zu sich selbst zu sagen, zu seiner Seele, heißt, Nein zum Leben zu sagen, denn deine Seele ist das ewige Leben.

Der Stoff, aus dem die Seele ist

Sind wir im Gespräch mit Menschen und jemand sagt etwas, das uns tief im Herzen berührt, entgegnen wir gern: »Du sprichst mir aus der Seele!« So oft, wie dieses Wort uns täglich um die Ohren fliegt, könnte man meinen, wir seien im Zeitalter der Spiritualität angekommen. Seltsam, denn auch viele »Ungläubige« benutzen dieses geflügelte Wort, um ihr tiefstes Inneres auszudrücken. Den wenigsten ist bewusst, dass sie von ihrem wahren Selbst, ihrem heiligsten Wesen reden. Von etwas, das man nur ahnen kann, von dem sie nicht einmal wissen, wo genau es sich denn befindet. Man kann die Seele nicht sehen, man kann sie nicht hören, man kann sie weder anfassen noch beschnuppern. Na gut, kann man wenigstens auf ihr herumkauen? Nein. Die Seele ist also definitiv auch kein Kaugummi.

Die Seele ist nichts, was wir mit unseren fünf Sinnen wahrnehmen oder mit unserem Intellekt begreifen können. Die Menschen benutzen ganz selbstverständlich einen Begriff, der etwas Spirituelles ausdrückt, etwas, das irgendwo in ihrem Inneren ist, worüber aber große spirituelle Unwissenheit und Zweifel herrschen.

Hast du dir schon mal die Frage gestellt, was eine Seele überhaupt ist? Wofür ist eine Verbindung mit ihr gut? Wären wir mit ihr verbunden, gäbe es ja keine Zweifel, oder? Jeder redet davon, keiner weiß Bescheid. Damit geben wir uns doch sonst auch nicht zufrieden. Wir glauben doch meist nur das, was wir sehen, und wissen gleichzeitig, dass wir uns vom schönen Schein der Äußerlichkeiten nur allzu gern blenden lassen. Nach wissenschaftlichen Maßstäben brauchen wir bezüglich einer Seele nicht suchen, denn es existieren keine medizinischen Studien über sie. Viele Menschen scheinen dennoch sicher zu wissen, dass sie eine Seele haben. Wir können uns an die spirituelle Wissenschaft wenden und erfahren, dass auch sie keine handfesten Beweise, sondern nur Theorien bietet, dass wir an eine Seele also »nur« glauben können. Genauso, wie wir an einen Gott, an eine große Kraft im Universum oder an Elfen, Kobolde und den Teufel glauben können. Wie gelangen wir vom Glauben zum Wissen? Indem wir, die wir »nur« an eine Seele glauben, wirklich in Verbindung mit ihr sind und uns nicht nur auf das verlassen, was wir darüber hören, lesen und meinen. Das Feinstoffliche (das Geistige/Spirituelle), das ebenso wie das Grobstoffliche (die feste Materie) eine Wirkung auf uns Menschen hat, darf wieder mehr Aufmerksamkeit bekommen und in unser Leben integriert werden. Es gibt zwei reale Welten – die in uns und die um uns herum –, doch wie es aussieht, halten wir nur eine davon für die Realität.

Wunderbares Rätsel

Wir können die Seele in Worte fassen, aber können wir Worte finden, um das Unsichtbare wirklich zu begreifen? Wir können viele Begriffe um die Seele herum bauen, uns viele Theorien ausdenken und Gedanken machen, aber so viele es auch sind, sie können der Seele und ihrer Größe und Weisheit niemals entsprechen. Das können wir Menschen nur in Kontemplation erfahren, auf einer Reise tief in das, was wir als Ich bezeichnen, durch ein Sich-Versenken in die eigene innere Unendlichkeit. Unser materieller Körper mit seinem begrenzten Verstand, seinen Gedankenformen und Gefühlen ist ohne eine Verbindung mit der feinstofflichen

Seele unvollständig. Tief im Inneren ahnen wir alle, dass es mehr von uns gibt als das, was wir sehen können.

Wir leben auf einem Planeten im Weltall und bewegen uns in einem unendlichen Universum. Dieses mündet, als wäre die Unendlichkeit nicht schon genug, in ein Multiversum. Wie kann man die Unendlichkeit des Universums verstehen? Es gibt kein sichtbares Ende – unvorstellbar! Jedenfalls nicht mit einem menschlichen Gehirn. Es muss eine andere Möglichkeit geben, das Universum und somit die eigene Unendlichkeit zu begreifen. Diese Möglichkeit bietet uns unsere Seele. Die Seele ist unser Tor zum Universum. Wenn wir uns selbst und unseren Ursprung wirklich verstehen wollen, hilft es uns nicht, mit einer Rakete zum Mond oder zu anderen Planeten zu fliegen. Aber wir können mit dem Geist zu unserer Seele fliegen, indem wir unsere Aufmerksamkeit auf die innere Realität richten und eine stille Art der Kommunikation beginnen.

Die Stimme der Stille – Meditation

Die Seele hat eine ganz eigene Art zu kommunizieren, eine, die uns »modernen« Menschen sehr fremd geworden ist. Es ist die Stimme der Stille. Wir dürfen der Seele jederzeit nah sein und in Verbindung mit ihr kommen. Diese Verbindung ist spirituell, sie ist unsere Natur. Unsichtbar, unangreifbar, nicht messbar und den Menschen nur mit dem sechsten Sinn erfahrbar. Die Fähigkeit, Übersinnliches wahrzunehmen, bedeutet, still zu werden und in sein Inneres zu lauschen. Meditation ist der bewusst herbeigeführte Zustand, die Aufmerksamkeit vom Außen abzuziehen und sich nach innen zu wenden.

Den Zustand der Meditation kannst du jederzeit herbeiführen und üben, dafür musst du nicht auf einem Meditationskissen sitzen. Du kannst dich auch mitten im Alltagsgeschehen in dich versenken. Je stärker die Verbindung mit deiner Seele ist, umso schneller und tiefer kannst du deine Aufmerksamkeit nach innen »ziehen« und beobachten, was dort wirklich los ist. Meditation bedeutet, sich mit dem Gottesbewusstsein und seinen manifestierbaren Eigenschaften zu verbinden. Die acht wichtigsten sind: Liebe, Licht, Weisheit, Frieden, Ruhe, Macht, Klang und Glückseligkeit.

Wann auch immer sich Menschen in tiefe Meditation begeben, sie erinnern sich mit jedem Mal daran, was sie in Wirklichkeit sind: unsterbliche Seelen und ewige Liebe. Die tiefe Inspiration, die wir in der Versenkung erfahren können, ist mehr als kostbar, denn es ist die bedingungslose Annahme seiner selbst. Dafür dürfen wir uns täglich einen klaren Geist aneignen, der die Wirklichkeit in jedem Moment erfährt. In der Meditation nutzen wir unsere eigene, gottgegebene Schöpferkraft, die unserem Geist hilft, aufwärts zu streben. Ohne unser konsequentes Streben nach Liebe wird uns nichts davon abhalten, in die Angst und somit in die Unbewusstheit zurückzufallen.

Erwischt: Ego!

Mit der SNAP!-Technik kannst du dein Ego sehr schnell identifizieren, sobald es dir mit seinen Bildern und Gedanken auf die Pelle rückt. Und das ist hochinteressant! Jeden Tag haben wir, gefühlt, mindestens 128 kleine Retreats mit dem Ego, in ganz unterschiedlichen Alltagssituationen. Eine wunderbare Gelegenheit! Du lernst dabei nicht theoretisch, wie aus einem Buch, von außen nach innen, sondern praktisch, von innen nach außen. An deinen eigenen Fallbeispielen lernst du deine Schattenseiten und dein Ego kennen. Erforsche es! Erkenne, wie durchschaubar es ist. Beobachte dein Ego. Die wichtigste Voraussetzung auf der Reise zu deiner Seele ist das Erkennen des eigenen Ego. Das Ego ist der Türsteher, der dich nicht in den Nobelklub namens »Soul« lässt! Am Anfang ist es keine leichte Aufgabe, das Ego zu überwinden, da es sich hinter scheinheiligen Masken und falschem Stolz verbirgt. Nur Mut, »mission possible«! Du kannst jederzeit in Verbindung mit deiner Seele sein. Du kannst Ruhe bewahren und ganz du selbst sein. Wenn du nach einem Konflikt sagst: »Das hat mich verletzt«, dann bedenke: Jemand hat dein Ego verletzt, nicht deine Seele. Das ist unmöglich. Deine Seele hat keine Bilder, deine Seele ist dein wahres, heiles Wesen, dein echtes, strahlendes, authentisches und ewiges Sein. Sie ist unendlich schön wild und heilig. Dein Ego ist auf deinen Körper begrenzt, es stirbt mit ihm. Deswegen tut es alles, um zu überleben. Das Ego hat Angst vor dem körperlichen Tod. Doch es wird schon während deines Lebens viele kleine Tode sterben müssen, während du dich deiner Seele näherst. Mit dem Tod des Alten steht deiner Schöpferkraft nichts mehr im Wege.

Umarme dich selbst

Ich möchte dich ermutigen, liebe Schwester, deiner Seele auf die Pelle zu rücken und dir mit SNAP! Zugang zu ihrer Intuition, Inspiration und Energie zu verschaffen. Ich möchte dir die wunderbar einfache Möglichkeit ans Herz legen, ganz du selbst zu sein und zu dir zu stehen. Zu deiner Traurigkeit, deiner Angst, deiner Wut, egal, zu was. Liebe dich in deiner Wut! Erkenne dich in deiner Angst! Nimm dich ganz fest in deine Arme und lasse diese Energien in dein Herz fließen. Ich möchte dich erinnern, wie wunderschön deine Seele ist und wie schön es für jeden sein kann, in ihrer Nähe zu verweilen. Die Frequenzen deiner Seele sind reine Glückseligkeit, Urvertrauen und Freiheit. Wenn du auch nur eine Sekunde in ihrer Frequenz schwingst, wirst du wissen, warum ich dieses Buch geschrieben habe. Du wirst das Strömen ihrer Freude in dir spüren und nie wieder vergessen. Du wirst dich von niemandem mehr zurückhalten lassen, in den Genuss der verbotenen Frucht zu kommen, um voll im Saft, süß und rein, und ganz du selbst zu sein.

Deine Seele ist dein göttlicher Funke, in dem all das »Licht« enthalten ist, das spirituelle Meister göttliches Bewusstsein, Schöpferbewusstsein oder auch reines Bewusstsein nennen. Stell dir dein gesamtes Sein wie eine Zelle deines Körpers vor.

Deine Seele stellt den strahlenden Zellkern dar, und so, wie dieser den größten Teil deiner DNA (Erbinformation) enthält, so enthält die Seele die »Erbinformation Gottes«. Damit will ich sagen, dass alle göttlichen Qualitäten bereits in dir angelegt sind. Um den Zellkern herum wird es allerdings ziemlich düster, denn dort befinden sich unser Ego und unser Körper. Die innere Zellhülle steht sozusagen für deine Persönlichkeit mit den fünf Sinnen, dem Verstand und dem Intellekt, den Charaktereigenschaften, den Vorlieben und den Abneigungen. Der äußere Rand der Zelle steht für deinen sichtbaren Körper mit Armen, Beinen, Gesicht, Figur, sprich: für alles, was man sehen, anfassen und messen kann.

Vom Grobstofflichen ins Feinstoffliche

Ganz am Anfang seiner spirituellen Entwicklung begreift sich ein Mensch selbst nur über seine fünf Sinne, seinen Verstand und seinen Intellekt. Für ihn existiert nur die äußere Hülle, der Körper und das sich entwickelnde Ego in seiner Persönlichkeit. Er kümmert sich vorwiegend um seine körperliche Existenz, um weltliche Themen, ist nach außen orientiert und sorgt für das Bild, das er von sich entstehen lässt, mitsamt den dazugehörenden Geschichten. Er hat noch keine Erkenntnis von sich selbst als Seele. In weiteren Inkarnationen und mit zunehmender Bewusstheit wendet er den Blick nach innen: Der Mensch wird sich der feinstofflichen Welt in seinem Inneren immer bewusster.

Wie ein Tropfen Wasser ein Teil des großen Ozeans ist, so ist deine Seele ein Teil von »Gott« oder dem universalen Bewusstsein. Jeder definiert das Göttliche seiner Entwicklungsstufe entsprechend anders, und das ist auch in Ordnung so. Die Seele weiß um die Wahrheit, die über allen anderen Wahrheiten steht. Die Wahrheit ist ein Geheimnis. Die Entstehung des unendlichen Universums ist nur ein Teil dieser Wahrheit.

Das Licht der Seele in unserem Inneren ist von Dunkelheit (spirituelle Unwissenheit) umhüllt, und im Laufe unserer Inkarnationen dürfen wir diese Dunkelheit erhellen. Indem wir spirituelles Wissen leben und noch viel mehr darüber erfahren.

Wir dürfen zunächst in Erfahrung bringen, in welchem Zustand wir uns gegenwärtig befinden. Wir besitzen die Macht des freien Willens, um uns selbst zu erkennen. Die Seele trägt die stärkste Energie des Universums in sich. Liebe. Reines Bewusstsein. Liebe gleicht alles aus. Sie verbindet uns mit jedem, und mag er noch so anders sein als wir. Die Macht der Liebe ist Verbindung. Alles ist eins. Alles gehört zusammen. In ihrer Energie ist nichts voneinander getrennt.

Trennung

Was uns von anderen trennt, ist die totale Identifikation mit unserem Körper und unseren Geschichten aus der Vergangenheit. Und das Ego sorgt dafür, dass das auch so bleibt. Das Ego ist das, was wir meinen, wenn wir »ich« sagen. »Ich bin. Ich bin nicht du. Ich bin getrennt von dir. Ich bin ich, und du bist du. Ich bin besonders. Wir sind unterschiedlich. Wir sind uns fremd. Ich bin hier, und du bist dort. Ich bin dies, und du bist das. Ich bin zuerst dran, und dann kommst du. Wir (ich und du) haben nichts gemeinsam. Ich bin ein Individuum. Ich habe recht, du nicht!« Solange sich ein Mensch mit seinem physischen Körper und seinen Gedankenformen identifiziert, sich selbst also nur über seine fünf Sinne erfährt und seine Informationen ausschließlich durch seinen Verstand und Intellekt filtert, wird er sein Ego mit noch mehr Geschichten über sich selbst füttern. Ist das Ego sehr stark, leben Menschen beispielsweise in dem festen Glauben, sie seien ihr Körper und sie lebten nur einmal. Sie haben keine Verbindung zu ihrer Seele und somit keine Erinnerung daran, dass sie mit ihrer Seele ein Teil Gottes sind. Eine Evolution der Seele existiert nicht für Menschen, die an ihrem physischen Bild festhalten und die materielle Welt allein als ihren Ursprung sehen.

Sie unterliegen im ständigen Kampf zwischen ihrer Seelensehnsucht nach Liebe (Verbindung) und dem Ego (Trennung), das der Persönlichkeit mit Besitz, Ruhm und Bedeutung in der materiellen Welt mehr Macht verschaffen will. Unnütz zu sagen, dass Menschen mit Besitz, Reichtum und Ruhm nicht automatisch egoistischer sind als Menschen, die weniger besitzen und gewöhnliche Berufe haben. Wir leben in einer Welt, die vermehrt auf die Macht des Ego aufbaut. Aber die Zeiten ändern sich, und das Bewusstsein steigt auf, das kann man vielerorts beobachten. Doch am besten bleibt man bei sich selbst, denn dort gibt es eine Menge zu tun. Was nicht heißen soll, dass du unterdessen anderen Menschen und Lebewesen nicht trotzdem helfen kannst, wenn sie um Hilfe bitten oder in Not sind. Wie auch immer die Persönlichkeiten ihren Ausdruck in der Welt finden – die Welt braucht all das Gute, das jeder für sich selbst und andere tun kann.

Big Ego

Das Ego mit seiner großen Macht in der Welt ist somit auch ein Teil unserer Persönlichkeit geworden; es ist der Teil in uns allen, der sich von Gott und den anderen Seelenwesen als getrennt empfindet. Wie groß dieser Teil in dir ist und wie viel Einfluss du ihm gewährst, ist deine tägliche Wahl. Du kannst jederzeit eine neue Wahl treffen. Für ein starkes Ego gibt es nichts Größeres als sich selbst, und daher kommen auch sein Stolz, seine Überheblichkeit und seine Arroganz allem Spirituellen und somit auch Gott gegenüber. Es ist nur an seinem eigenen Vorteil interessiert, sein weltliches Streben nach materieller Sicherheit ist seine größte Motivation. Das ist der Sinn seines Lebens.

Ein übergroßes Ego hat also nichts anderes zu tun, als sich immerzu in die Trennung zu begeben und das Bild mit seinen Geschichten und den dazugehörigen Gedanken und Gefühlen zu beschützen. Wovor? Ganz simpel: vor der Spiritualität und somit vor allem, was nicht mit den fünf Sinnen wahrnehmbar und dem Verstand zu erfassen ist. Denn dort, wo Körper und Intellekt aufhören, verliert es seine Kontrolle, seine Macht und seinen Einfluss. Nicht nur das, das Ego schrumpft in diesen Frequenzen und verliert an Kraft. Es hält uns also klein und trennt uns von der feinstofflichen Welt. Es reduziert uns sozusagen in den Körper und in die materielle Welt hinein; je mehr das Ego in einer Person angefüttert wird, umso niedriger schwingt das Energiefeld. Es gibt nichts Sinnvolleres als ein ausbalanciertes Ego. Wir haben jetzt die Möglichkeit, die Balance zwischen spirituell und materiell wiederherzustellen und beiden Polen die Bedeutung zu verleihen, die der Menschheit dient.

Angel den Fisch!

Ich bin schon sehr früh, im zarten Alter von etwa sieben Jahren, durch meine Mutter in Verbindung mit einer spirituellen Lebensweise gekommen. Ich erlebte meine Mutter als Anhängerin (Sannyasin) von Osho (damals noch Bhagwan Shree Rajneesh) und begleitete sie oft in den Ashram zu den Lectures oder Satsangs. Osho strahlte eine Ruhe und einen Humor aus, wie ich ihn selten bei einem anderen Menschen erlebt hatte, aber das Anhängertum um seine Person wirkte befremdlich auf mich. Ich empfand es als unangenehm und unnatürlich, wie unterwürfig die meisten Sannyasins sich ihm gegenüber verhielten. Sie beteten ihn an wie einen Gott und vergaßen dabei ihre eigene Göttlichkeit. Als kleines Mädchen schwor ich mir daher, niemals eine Anhängerin von irgendwem oder irgendwas zu sein. Tief in mir rebellierte meine Seele schon damals gegen blinde Gefolgschaft.

Mit etwa 16 Jahren war ich auf meine ganz eigene Weise spirituell tätig und wollte dabei alles über Wiedergeburt und meine Seele wissen. In meinem jugendlichen Wissensdurst wollte ich unbedingt erfahren, wer ich »früher«, in meinen vorangegangenen Leben, gewesen war. Das Thema faszinierte mich zutiefst und ich fand es unfassbar spannend. So interessierte ich mich brennend für Rückführungen in frühere Leben, weil ich eine große Sehnsucht nach dem »alten Bewusstsein« in mir verspürte.

Zu dieser Zeit las ich sehr viel spirituelle Literatur über Reinkarnation, darunter Bücher von Thorwald Dethlefsen und Elisabeth Haichs Klassiker *Einweihung*. Haichs Erfahrungen deckten sich mit meinen Rückerinnerungen an ein Leben in einem reinen Bewusstsein. Ich beschäftigte mich auch mit C. G. Jung, den Büchern von Jane Roberts, die in Trance Texte einer Energie namens Seth übermittelte und in einem umfassenden Werk niederschrieb. Sie gibt darin wertvolle Botschaften von Seth an die Menschen weiter, unter anderem, dass die Menschen mit ihren negativen Gedanken und Gefühlen negative Realitäten erzeugen. Diese Worte waren für mich damals schon ein Wegweiser in Richtung Liebe und Positivität und sie ließen mich an meinen Umständen und Erfahrungen nie verbittern, sondern einfach tiefer nach innen schauen und wahrnehmen. Auch die Werke von Osho faszinierten mich. Ich war euphorisch auf Wissenssuche und begierig darauf, tiefer in dieses Wissen einzutauchen.

Reise rückwärts

Ich wohnte damals bei meiner Mutter in Berlin und vereinbarte einen Termin für eine Hypnose-Rückführung. Ich machte mich auf den Weg und stieg ganz oben in einen Doppeldeckerbus. Dort überfiel mich eine seltsame Schwere, und ich kam unbewusst in einen meditativen Zustand. Es können nur wenige Sekunden gewesen sein, doch in diesen Sekunden sah ich einen Film vor meinem geistigen Auge ablaufen. Sehr klar, wie mit einer Lupe und mit Farben, die ich als unfassbar leuchtend und ausgesprochen intensiv erlebte. Ich schlief nicht, ich war wach! Mir kam es vor, als sei ich in zwei Welten gleichzeitig unterwegs: in der Realität im Außen und in der Realität in meinem Inneren. Dieser Seinszustand würde im Laufe meines Lebens immer intensiver werden, doch damals im Bus war mir dies noch lange nicht bewusst.

Während ich also in dem Doppeldeckerbus auf dem Weg zu meiner Hypnose-Rückführung saß, sah ich mich in meiner inneren Realität an einem großen See sitzen. Ich hatte große Lust, mir einen Fisch zu angeln. Mein Verlangen nach diesem Fisch war so groß, dass ich keine Geduld mehr hatte zu warten, bis der Fisch anbiss. Ich nahm stattdessen eine Stange Dynamit, zündete sie an und warf sie in die Mitte des Sees. BÄMM! Tausende tote Fische kamen an die Oberfläche. Sie waren völlig zerstückelt, der See färbte sich rot von ihrem Blut. Dennoch war dies kein Furcht einflößender Albtraum, es wurde mir eher ein »Lehrfilm« gezeigt. Eine innere Stimme sprach zu mir: »Sieh, das, was du da vorhast, bringt dir nur totes Wissen. Bruchteile der Vergangenheit, die deinen Hunger nach Wahrheit nicht stillen und die du niemals wieder zusammensetzen kannst. So viele Fische kannst du nicht verdauen. Wenn du wirklich nach Wissen verlangst und mehr Bewusstheit willst, dann angel den Fisch!«

Vergebliche Hypnose

Ich wachte aus dem Sekundenschlaf auf, der Bus war nicht mal bei der nächsten Haltestelle angekommen. Mir war sofort klar, dass ich so etwas wie eine Vision erfahren hatte, und ich hatte die absolute Gewissheit, dass diese Hypnosesitzung bei mir nicht funktionieren würde. Viel wichtiger war: Ich erkannte, dass ich für diese Art des Wissens noch nicht bereit war. Ich akzeptierte dies als Warnung, und so kam es dann auch. Die Hypnosetherapeutin versuchte vergebens, mich in Hypnose zu versetzen, und gab es nach drei Versuchen schließlich auf. Tief in mir war ich sehr erleichtert, dass ich keine »toten Fische« heraufbeschworen hatte.

Die Analogie der Visionen und Träume ist oftmals schwer zu deuten. In der Bibel wimmelt es nur so von solchen Gleichungen. Nach dem Motto »Erklärt es den Menschen in Bildern, dann verstehen und fühlen sie es besser«. Aus diesem Grund wurde vermutlich Jahrhunderte später das Fernsehgerät erfunden. Symbolkraft in Bildern. Lerne aus den Geschichten anderer! Du hast stets die Wahl, klügste Schwester, lerne aus deiner Weisheit oder aus deinem Leid. Wähle die Liebe. Glaube an die Liebe, lerne, sie zu leben. Auf diese Weise gelangst du vom Glauben zum Sein. Alles darf gelebt werden, um sicher zu werden, um stets eine neue, bessere Wahl zu treffen.

Bedingungslose Liebe

Meine Vision hatte sehr viel Symbolkraft. Im frühen Christentum spielte das Symbol des Fischs eine wichtige Rolle und war eng mit der heiligen Kommunion verbunden. Die eucharistischen Fische sind ein verbreitetes Motiv auf Bildern der frühchristlichen Kunst. Sie finden sich dort häufig auf Wandmalereien wieder. Der Fisch, gemalt aus zwei Bögen, ist auch heute noch das Erkennungszeichen der Christen. Immer wieder wurde ich von meiner Seele in Visionen, Träumen und Analogien im Alltag auf die Christus-Liebe, die bedingungslose Liebe, hingewiesen – und ich war und bin alles andere als eine fromme Person. Ich war jedoch seit meiner Kindheit tief berührt von der Geschichte und der Energie, die ich um Jesus Christus spürte. Mit der Kirche und frommen Menschen hatte ich allerdings nicht viel zu tun. Anhängertum war mir immer unangenehm und einfach nicht mein Ding, und das ist bis heute so geblieben.

Der Fisch in meiner »Vision« ist ein Symbol für die (unter Wasser) verborgene Wahrheit, die man angeln und somit ans Licht holen kann. Sie schimmert zunächst im Verborgenen, flutscht dem Fischer leicht wieder aus der Hand, verspricht aber viel (geistige) Nahrung. In der Geschichte von Petrus erweist sich Jesus damit auch als Wegweiser zur Wahrheit. Diesem meinem »Lehrfilm« im Bus sollten im Laufe meines Lebens noch viele weitere folgen und sie warfen mich immer wieder auf mich selbst zurück. Sie warnten mich liebevoll, auf meinem Weg zu bleiben, und sprachen ohne Worte zu mir: Schnips dir selbst das Licht an. Du findest es in deinem Inneren, in deiner tiefsten Dunkelheit. Nicht in der Welt da draußen, wo so viele Menschen einem Irrlicht folgen – dem schönen Schein des Ego und der falschen Vorstellung von Macht.

WAS WISSEN WIR WIRKLICH ÜBER SPIRITUALITÄT?

Wir wissen viel über wenig und wirklich wenig über unser Selbst. Wir erzählen uns bloß gern Geschichten, damit wir das Gefühl bekommen, unser Leben und unseren Tod unter Kontrolle zu haben. Das ist die große Illusion, denn wir wissen nicht, wann unser Körper sterben wird. Egal, was wir tun – über den Tod haben wir keine Kontrolle. Unser Körper wird altern und sterben. Das ist unsere größte Angst. Es gibt im Großen und Ganzen kein »gut« oder »schlecht«; alles, was geschieht, hat seine Auswirkung auf unser Bewusstsein und schenkt uns im besten Fall die notwendige Weisheit für ein bewusstes Leben. Wenn alles gut läuft, werden wir zu mitfühlenden Menschen, die sich sinnvolle Fragen stellen. Wofür bin ich dankbar? Kann ich auch dankbar sein für das Unangenehme, das mir widerfährt? Meist sind es Krisen und Schmerz, die uns aus der bequemen Gewohnheit herausholen. Schmerz ist genau das, was uns in die Veränderung schubst. In eine Veränderung, die wir lange Zeit vor uns hergeschoben oder vor der wir uns in Ablenkung geflüchtet haben. Ganz nach dem Motto »Keine Entscheidung ist auch eine Entscheidung«. Das hat zu spiritueller Stagnation geführt, in den Leerlauf und in die Depression. Wir sind träge, lustlos und faul geworden. Wir haben die Lebensfreude verloren. Daran erkennen wir gut, dass wir uns gescheut haben, eine Entscheidung für die Liebe zu treffen, die sofort unseren Alltag verändert hätte. Wir scheuen uns davor, für höhere Werte einzustehen und einen neuen Anfang mit uns selbst zu wagen, einen besseren Wohnort zu suchen, den lieblosen Partner zu verlassen oder eine sinnvollere Arbeit zu finden. Wir scheuen uns davor, eine Entscheidung zu treffen, die unserer innersten Wahrheit entspricht, uns Freude macht und im besten Fall uns und den Menschen dient.

Nichts ist sicher

Wir entscheiden Tag für Tag, wie wir leben und wie wir mit dem umgehen, was uns geschieht. Auf vieles haben wir Einfluss, auf manches nun mal nicht. Veränderung bedeutet auch immer einen Schritt nach vorn ins Ungewisse. Doch wir fühlen uns nicht wohl in der Unsicherheit und erkennen erst allmählich, dass nichts im Leben sicher ist. Das einzig Sichere im Leben ist, dass wir früher oder später sterben werden.

Der Wunsch nach Veränderung ist bei den meisten Menschen vorhanden. Sie wollen gesünder leben, sich besser ernähren und sich mehr bewegen. Sie wollen an Blockaden, Widerständen und ihrer Selbstsabotage arbeiten. Also wissen wir über uns bereits mehr als genug, denn sonst hätten wir diese Wünsche gar nicht. An Wissen mangelt es uns demnach nicht. Doch wir haben so viele Möglichkeiten im Kopf, dass wir uns nicht entscheiden können, was für uns das Richtige ist. Und so suchen wir in Büchern, Zeitschriften, Kursen, Workshops oder Seminaren nach der Optimierung unseres Selbstbilds. An sich ist das nichts Verwerfliches, es gibt nur eine Gefahr dabei: Wir wenden uns nicht an unser höchstes Selbst mit dem Zugang zur inneren Weisheit, sondern wir füttern unser nach außen orientiertes Ego. Es bleibt beim Ansammeln von theoretischem Wissen, ohne dass wir in unserem eigenen Herzen nach Antworten und Verbindung mit unserer Seele suchen.

Es fehlt uns die spirituelle Praxis, die unseren Seinszustand verbessert. Es mangelt uns an Kommunikation mit der Seele, an Intuition, Selbstliebe, Mitgefühl, Dankbarkeit, Mut und Lebensfreude. Wir sind alle gut im Kopf, doch die große Herausforderung besteht darin, diese Energien auch wirklich zu fühlen und vor allem zu sein. Unser spirituelles Wissen darf in Fleisch und Blut übergehen, bevor es reife Früchte trägt. Ja, es mangelt bei uns allen doch immer wieder an der Umsetzung einer spirituellen Praxis. Uns ist klar: Um unser Leben wirklich zu verbessern und unserer Seele nah zu sein, müssen wir einen Weg gehen, der uns täglich zu ihr führt, damit sie uns an die Hand nehmen kann. Und nun SNAP!pen wir sie uns einfach in den Alltag.

Das Puzzle deines Lebens

Deine Seele will lernen, wachsen und sich weiterentwickeln und entscheidet sich erneut dafür, von vorn zu beginnen. Deine Persönlichkeit zerspringt am Ende deines Lebens in die Summe ihrer Teile. Und deine Seele vergisst das Bild von der Persönlichkeit, die sie einst war, und die Rolle, die sie dabei gespielt hat. Überlege dir, wie es wäre, wenn du dich an alle deine Tode, Verluste, Errungenschaften, Freuden oder Traumata erinnern könntest, an alle Menschen, die du in vergangenen Inkarnationen geliebt, verloren, verletzt oder sogar getötet hast. Denke daran, wie anstrengend die Vergangenheit allein in diesem Leben oft gewesen ist! Die vielen tragischen Ereignisse und die tiefen Gefühle, die damit verbunden sind. Es wäre furchtbar, sich an all das zu erinnern, was wir in den vielen Jahrtausenden und Zeitepochen erlebt haben. Es zeugt vom Werk einer alles überragenden Intelligenz, dass jede Erinnerung deiner Persönlichkeit von dir abfällt wie eine alte Haut. Erst ab einem gewissen Level deines Bewusstseins bist du in der Lage, mit Erinnerungen an vergangene Leben umzugehen. Daher erinnerst du dich nur immer an so viel, wie dein Bewusstsein ertragen kann.

Du würdest mit sehr hoher Wahrscheinlichkeit wahnsinnig werden, wenn sich jetzt ein Tor zur Erinnerung öffnen würde und du dich an alle Inkarnationen erinnern könntest. Doch nur auf diese Weise des Vergessens kann die Seele unvoreingenommen ihre Reise zum göttlichen Bewusstsein fortsetzen. All das, was sie ehemals mit ihrer Persönlichkeit war, spielt nun keine Rolle mehr. Die gesammelte Energie in Form von Wissen, Weisheit und geistigen Fähigkeiten bleibt im Seinszustand deiner Seele erhalten. Stell dir die gesammelte Energie wie die Teile eines großen Puzzles vor, in dem du alle deine Seelenanteile neu zusammensuchen und in diesem Leben die noch fehlenden Teile finden und vervollständigen darfst. Jede Inkarnation schenkt dir neues Wissen, mehr Weisheit und höhere Fähigkeiten. Es sind die Puzzleteile, die du während deiner spirituellen Entwicklung sammelst.

Der Prozess der Selbstfindung

Alle Seelenanteile wurden vor deiner Inkarnation sozusagen wild durcheinandergemischt, und es ist oft beschwerlich, die ersten Puzzleteile zu finden, die zu deinem authentischen Selbst gehören und erst allmählich ein Bild ergeben. Man irrt nicht selten jahrzehntelang wild herum, probiert dieses und jenes aus, und vieles passt nicht zusammen oder ergibt ein wirres Bild. Doch diese »Fehler« sind Abläufe des Selbstfindungsprozesses, in dem wir uns alle befinden. Er ist in der Tat ein wenig mühsam. Wir wissen es doch: Aller Anfang ist schwer. Wer hier bereits aufgibt, wird das Bild seiner Seele nicht zu Ende puzzeln. Du würdest ein Leben an deiner Seelenaufgabe vorbeileben, ohne jemals zu entdecken, wie die Summe deiner Teile aussieht. Ohne dein höchstes Potenzial zu entfalten und deine Gaben und Talente zu entdecken. Du würdest ein Leben in ständiger Angst vor Veränderung und in Zweifeln führen, ein Leben ohne Lebendigkeit, völlig uninspiriert und mit wenig Freude. Ein Leben mit wenig authentischer Macht. Es ist das Leben eines reaktiven Wesens, das nur auf das reagiert, was in seinem Umfeld passiert, in einer Welt, die von anderen kreiert wird, nicht von ihr selbst und nicht als eigene Choreografin ihres Lebens. Eine Choreografin erfindet ihre Bewegungen selbst, als kreative Schöpferin, Erfinderin und Regisseurin zugleich. Eine Persönlichkeit, die aus ihrem Leben einen Tanz erschafft, der auf der Bühne des Lebens meist von Applaus begleitet wird. Wir Menschen lieben solche Vorbilder der Authentizität und bewundern sie für ihren Erfolg. Doch ist dieser Erfolg über Nacht gekommen? Nein! Denn auch Choreografen sind einst als lernende Tänzer gestürzt, weil ihre Bewegungen nicht kraftvoll genug waren. Sie haben sich verletzt, wieder aufgerappelt und mussten sich selbst heilen. Dennoch haben sie sich nicht aufgegeben und entschlossen weitergetanzt. Und du tust das auch. Du bist eine Tänzerin, und die Bühne steht für dich bereit. Vorhang auf!

Mach dir Freude, schöner Götterfunken!

Was wirklich zu dir gehört, kannst du sehr einfach erkennen. Nämlich daran, dass du unendlich große Freude bei dem hast, was du tust. Folge dieser Freude! Das kann aber gleichzeitig bedeuten, dass du Erwartungen anderer Menschen nicht immer erfüllen wirst. Beispielsweise weil deine Freude nicht zu ihrer Freude passt und sogar viele Ängste in ihnen weckt. Deine Freude kann ihre Angst schüren, dich zu verlieren. Natürlich ist es eine wundervolle Eigenschaft, auf andere Menschen

Rücksicht zu nehmen; wenn das jedoch auf Dauer bedeutet, deine eigene Wahrheit zu verleugnen, musst du viele Masken aufsetzen, damit es nicht auffällt.

Eine aufsteigende Energie kann dich grundlos glücklich machen! Kennst du diese Momente? Plötzlich könntest du vor lauter Glück wildfremde Menschen auf der Straße umarmen. In deiner Wirbelsäule steigt ein berauschendes Gefühl auf. Es ist die göttliche Freude, und die braucht keinen Grund. Du hörst eine Musik, und plötzlich ist sie da. Eigentlich hast du keinen Anlass, aber dennoch überkommt sie dich. Du bist in einen höheren Seinszustand gelangt: Du bist fähig, diese Freude zu sein. Jederzeit kannst du pure Glückseligkeit sein! Tu, was dir Freude macht, und schon begibst du dich in einen freudvollen State. Eine gute Übung für Freude ist es, allein zu tanzen! Leg deine Lieblingsmusik auf und tanze wild deinen Namen ins Universum. Fühl dich wie eine Tänzerin, die sich zum Ende ihrer Kür mit doppeltem Salto rückwärts überschlägt und die Arme in Siegerpose nach oben wirft, um dich heftig atmend, aufgeregt und überglücklich im Spiegel anzustrahlen. Aaah, fühl die Freiheit und schau dir in die Augen, Kleines!

Diese unbändige Freude zu beschreiben, die eine ansteigende Energiefrequenz mit sich bringt, die ein authentisches Leben bewirkt, ist kaum in Worte zu fassen. Suche die Puzzleteile deines Lebens und finde jene, die zu dir passen. Lass dich nicht passend machen! Zwinge keine Teile zusammen, die nicht zu dir gehören wollen. Vertraue der Führung deiner Seele, sie sendet dir ihre Götterfunken! Erinnere dich daran, wer du bist und wie du sein willst. Liebe dein Leben ohne Grund, und dein Leben wird dir Gründe zu lieben geben.

DIE PERSPEKTIVE DEINER SEELE

Was ist dir heilig? Gibt es etwas, das dir heilig ist? Und wenn ja, warum ist es dir heilig? Was macht für dich den Unterschied zwischen »Es ist mir heilig« und »Davor habe ich großen Respekt« aus? Den wesentlichen Unterschied zwischen beiden möchte ich dir gern in Erinnerung rufen.

Stell dir vor, du bist an einem herrlichen Sommertag eine weite Strecke gewandert, vom Tal den Berg hinauf. Dabei bist du über felsiges Gelände geklettert und durch einen Tobel gelaufen. Es hat dich einige Anstrengung gekostet, bis hierher zu kommen. Nur wenige Meter noch, und du stehst auf dem Gipfel eines hohen Berges. Oben angekommen, blickst du weit auf das Dach der Welt und siehst die vielen Berge, teils schneebedeckt. Du atmest den Wind und das helle Blau des wolkenlosen Himmels in deine Lunge und spürst die Wärme der Sonne in deinem Gesicht. Sie durchflutet alle Zellen in deinem Körper. Du spürst und hörst deinen eigenen Herzschlag, atmest die kühle Luft. Mit allen Sinnen bist du anwesend und erhaben in deinem Element.

Hier oben, in dieser Sekunde, ergreift es dich plötzlich, und du hast ein erhebendes Gefühl: Du bist eins mit alledem. Wertvoll. Auf Augenhöhe. Nicht besser, nicht schlechter. Eins mit der Natur, eins mit diesem Berg, eins mit dem Weg dorthin und der Anstrengung, die er dich gekostet hat. Und du bist einverstanden. Einverstanden mit dir! Deine Seele feiert ein Fest, und du bist eingeladen. Tore gehen auf. Die Tore deines Herzens. Alles ist eins. Je mehr Worte du zu finden versuchst, um zu erklären, was du jetzt gerade fühlst, umso weniger entsprechen sie der Situation. Die Herrlichkeit, die du im Moment fühlst, ergreift dein gesamtes Wesen, und du hast, vielleicht zum ersten Mal in deinem Leben, einen Funken Ehrfurcht in deinem Herzen entfacht.

In diesem Augenblick hast du eine heilige Wahrnehmung: die völlige Abwesenheit von allem Negativen. Die Gegenwart der göttlichen Intelligenz kann sich in so vielen verschiedenen Dingen offenbaren, wenn doch nur dein Herz aufgeht.

Ehrfurcht versus Respekt

Stell dir vor, du bist in der Stadt unterwegs und besorgst ein paar Dinge, und da sitzt ein alter Mann mit abgetragener Kleidung und zerzausten Haaren auf der Straße. Vor sich hat er seinen Hut gestellt und ein Schild daneben, auf dem »DANKE« steht. Du schaust ihm ins Gesicht und siehst die vielen Zeichen und tiefen Furchen des Alters. So viele gelebte Erfahrungen, nicht nur gute, das kannst du sehen und fühlen, und doch lächelt er dich unschuldig an. Uneigennützig und demütig sitzt er da, in seinen armseligen Kleidern und den vielen Tüten, aus denen er lebt. Plötzlich findet eine Verbindung statt; du spürst sein Wesen, und Tränen laufen dir über das Gesicht. Du erkennst dich selbst in ihm, die Angst, den Mangel, den Verzicht, die Zweifel und die Traurigkeit. Wie oft hast du dich wie dieser Bettler gefühlt! Ehrfurcht ergreift dich. Du fällst in diesem Moment kein Urteil über diesen Mann und erkennst, dass Schmerz und Leid in uns allen war und ist. Alles ist eins: so oft gehört und nicht gefühlt, nun ist es ganz klar. Wo Ehrfurcht sich zeigt, gehen Herzen auf und verbinden sich mit allem, was ist. Das Ergebnis ist Liebe, und wo Liebe ist, ist Abwesenheit von Bewertung.

Wir wünschen uns von anderen Menschen Respekt und übersehen dabei, dass der Wunsch, respektiert zu werden, aus unserem Urteil entstanden ist. Ein Urteil darüber, warum man nach Respekt verlangt und warum nicht. Ist dieses Urteil, warum man Respekt für eine Eigenschaft bekommen sollte, aus uns selbst heraus entstanden oder wurde es uns so beigebracht? Es ist ein für uns positives Urteil über eine Eigenschaft, die wir als wertvoll befinden. Wir bewundern diese wertvolle

Eigenschaft bei anderen Menschen und respektieren sie dafür. Das bedeutet aber noch lange nicht, dass diese Eigenschaft, die wir besonders wichtig finden, für andere Menschen genauso wertvoll ist. Wir wollen Respekt für Eigenschaften, die uns als wertvoll beigebracht wurden. Von den Eltern, von der Gesellschaft oder aus religiösen Gründen. So können wir es bewundern, wenn jemand hart arbeitet und erfolgreich ist. Wie oft haben wir von unseren Eltern gehört, dass man nur erfolgreich sein kann, wenn man hart arbeitet? Es gehört zur deutschen Kultur, fleißig zu sein. In einer anderen Kultur, etwa in Afrika, besitzt der Fleiß viel weniger Bedeutung. Dort haben andere Werte, wie Loyalität und Gemeinschaft, mehr Bedeutung. Wir können also eine Eigenschaft respektieren und eine andere nicht. Wir können vor einem Mensch Respekt haben und vor einem anderen nicht. Mit der Ehrfurcht jedoch verhält es sich vollkommen anders.

Von Herz zu Herz und Seele zu Seele

Wenn wir einem Menschen mit Ehrfurcht begegnen, begegnen wir allen Menschen mit Ehrfurcht. Wenn wir behaupten, Ehrfurcht vor dem Leben zu haben, haben wir vor allem, was lebt, Ehrfurcht. Wir können nicht vor einem Wesen Ehrfurcht haben und vor einem anderen nicht. Wenn wir beurteilen, wer sie verdient und wer nicht, dann ist es keine Ehrfurcht, sondern nur Respekt. Respekt entsteht durch dein Urteil. Ehrfurcht ist die heilige Wahrnehmung der Gegenwart des Göttlichen in allen Wesen – vor dem Lernen, Wachsen, Werden und Sein einer jeden Seele. Ehrfurcht ist Verbindung von Herz zu Herz und von Seele zu Seele.

Stell dir vor, jemand sagt: »Ich habe Respekt vor dem Leben«, während dieser Jemand vor einem Teller sitzt und auf einem Steak herumkaut. Das bedeutet, dass er zuvor Urteile gefällt hat, wen oder was es zu respektieren gilt und wen oder was nicht. Vieles von dem, was wir respektieren, haben wir von der Gesellschaft, in der wir aufgewachsen sind, übernommen. Derjenige also, der Tiere isst, hat keinen Respekt vor einem Schwein, vor einem Rind, vor einem Huhn, einem Hasen, einem Lamm, einem Kalb oder einem Truthahn. Er hat aber Respekt vor seinem Hund, seiner Katze und seinen Pferden. Willkürlich hat er Respekt oder eben nicht. Ehrfurcht dagegen bedeutet, keine Urteile zu fällen. Ehrfurcht erkennt die Gegenwart der Liebe Gottes oder das Göttliche und Heilige und die Liebe in allen Wesen. Egal, wohin wir unseren Blick wenden, wir erkennen, dass es dieser Welt an Ehrfurcht mangelt und dass es an der Zeit ist, Ehrfurcht in uns zu kultivieren.

Der göttliche Geist hat große Ehrfurcht vor der Entwicklung der Menschen, weshalb er uns unseren freien Willen lässt und nicht ohne unseren Wunsch Einfluss auf unser Leben nimmt. Wir dürfen also erst an diesen Punkt kommen und nach ihm rufen.

> *»Rufe mich an, so will ich dir antworten und will dir anzeigen große und gewaltige Dinge, die du nicht weißt.«*
> Jeremia 33, 3

Die Energie der Vergebung

Gehen wir doch mal davon aus, dass alle unsere Fehler, sogar der letzte, der vor knapp einer Minute, bereits vergeben sind. Was für ein Gefühl wäre das für dich? All das, was du getan hast und womit du dich für schuldig und somit für unwürdig hältst, das Leben zu leben, das du dir tief in deinem Herzen wünschst – es ist dir vergeben. Nein, nicht von mir, denn ich habe dir ja gar nichts zu vergeben. Und jene, die du mit deinen unbewussten Handlungen verletzt hast, werden dir vermutlich auch nicht alle vergeben. Mach dich deshalb beim Thema Vergebung von anderen unabhängig und erledige das für dich selbst. Vergib dir. Vergib dir all das, was du getan hast und ehrlich bereust. Vergib dir deine unbewussten Momente und dein negatives Verhalten. Vergib dir deine selbstgefälligen, egoistischen und verletzenden Handlungen, deine narzisstischen Meinungen und deine Halbwahrheiten. Vergib dir dein Geläster, dein Geschimpfe und dein übles Gerede über andere. Na, was fällt dir noch so alles ein, worauf du nicht besonders stolz bist? Beichte dir deine großen und kleinen »Sünden«.

Leg bitte kurz das Buch beiseite und denke eine Zeit lang darüber nach. Gerade jetzt ist ein guter Zeitpunkt dafür. Atme tief in deine Erinnerungen und das Gefühl der Reue und des schlechten Gewissens, atme in dein Herz. Du brauchst keinen Heiligen Vater dafür, beichte dir selbst deine Negativität und werde dir deiner Wirkung auf andere Wesen bewusst.

Deine diesbezügliche Erkenntnis kann sofort für Einsicht sorgen, und vielleicht wird dadurch eine neue Absicht in dir geboren. Wenn du dich schuldig fühlst, ist es die Vergangenheit, die dir zu schaffen macht. Trage sie nicht weiterhin Tag für Tag mit dir herum, denn damit hältst du ihre Energie lebendig, weil du dich wie eine Schuldige verhältst und die Energie der Reue lebst. Reue ist eine stark abwärts strömende Energie und sorgt für Blockaden im Fluss deiner Energie. Es ist der Berg voller Asche vor deiner Haustür, den du erst mal wegschaufeln musst, wenn du nach Hause kommen und dich wohlfühlen willst.

Vom Universum aus betrachtet ist dir bereits vergeben, da es von einer höheren Warte aus nichts zu vergeben gibt. Und selbst wenn dir andere Menschen bereits vergeben haben – kannst du dir selbst deine Negativität vergeben? Kannst du sie erkennen und zu einer Einsicht gelangen? Verzeihst du dir deine unbewussten Handlungen? Jeder neue Tag hält eine neue Wahl bereit, eine neue Absicht. Und deine Absicht kreiert deine Zukunft. Das Einzige, das dir zwischen Vergangenheit und Zukunft im Weg steht, ist dein schlechtes Gewissen in der Gegenwart – deine »Schuld«. Sie ist eine enorm schwere, dichte und klebrige Energie. Und das bedeutet, dass du in der Energie der Vergangenheit lebst. Aus dieser heraus gestaltest du deinen gegenwärtigen Moment. Damit hältst du dich in der Frequenz der Schuld, womit du deine Heilung sabotierst. Du steckst fest im Sumpf der Negativität. Hast du Zweifel und Sorge, ob du gut genug, wertvoll genug oder fähig genug bist, das zu sein und zu tun, was du gern sein willst? Die Energie der Vergebung führt dich ins Selbstvertrauen. Es ist dir bereits alles vergeben. Das Gestern existiert nicht mehr. Wenn du willst, bist du heute nicht mehr die Person, die du gestern warst. Was ist das Gute an der Vergangenheit? Sie ist vorbei!

Barmherzigkeit als höchster Ausdruck der Liebe

Ich frage dich: Willst du zu den ewig Gestrigen gehören? Willst du im Rad des Lebens vorwärts galoppieren, aber kein bisschen vom Fleck kommen? Dann wirst du dein höchstes Potenzial immer nur von hinten sehen, und ich hoffe, das willst du nicht. Und wenn doch, welchen Nutzen hast du davon? Das gibt es auch zur Genüge, dass Menschen sich in ihrer Opferrolle pudelwohl fühlen. Aber genau darum soll es hier nicht gehen. Dieses Buch ist für Frauen geschrieben, die ihr Leben in die eigene Hand nehmen wollen, und diese wählen ganz bewusst eine neue, bessere und gute Absicht. Jene, die in der Opferrolle bleiben und so ihr Leben weiterleben, treffen keine neue Wahl. Keine Entscheidung ist, wie wir alle wissen, auch eine Entscheidung. Eine Verbesserung der Umstände ist so unmöglich. Wo keine Verbesserung ist, sind keine verbesserten Handlungen, und wo keine verbesserten Handlungen sind, gibt es keine besseren Ergebnisse. Die Absicht, die hinter einem solchen Verhalten steckt, ist Angst, und die hält dich in einer niedrigen Frequenz. Je niedriger die Frequenz ist, umso größer ist die Unbewusstheit. Je höher die Energiefrequenzen sind, umso höher schieben sie den Regler der Bewusstheit. Das Unterbewusstsein verschiebt sich somit zunehmend in das Tagesbewusstsein. So bewegst du dich auf deine Gaben und Talente zu und beginnst, sie zu entdecken und auszudrücken. Du begibst dich in einen höheren Energiezustand, in die Frequenz deiner Größe und deines Erfolgs.

Was ist dein Geschenk? Dein Herz öffnet sich. Wofür? Für deinen freien Willen, für deine negativen Gedanken und Gefühle, und du entwickelst Mitgefühl für andere Menschen. Wenn du dies aus reinem Herzen heraus betrachtest, lernst du, die bedingungslose Liebe in dir zu kultivieren. Einem Menschen, der uns Schmerz zugefügt hat, zu vergeben, ist Barmherzigkeit, der höchste Ausdruck der Liebe, der uns Menschen möglich ist.

Vergebung ist göttliche Gnade und die Fähigkeit der Loslösung von Negativität. Sie bewirkt eine weite Herzöffnung. Du darfst dein kleines Ich (Ego) loslassen, dein Herz weiten, und deine Liebe kann aktiv werden. Wahre Vergebung ist eine heilige Handlung, eine Befreiung von allem »Bösen« und von allerlei Ego-Gedöns. Das kann dir niemand abnehmen. Kein Medium, kein Reiki-Meister, kein Guru, kein Zorro und kein Psychiater. Um es kurz zu machen: kein anderer Mensch.

Vergebung ist ein Inside-Job, eine wahrhaft menschliche und göttliche Fähigkeit zugleich. Suche die Ruhe im Sturm, sei das Auge im Hurrikan und sei gnädig mit der Wut und dem Hass, der in dir und deinen Mitmenschen tobt. Und ja, es gibt ganz große Egoisten, sie sind so einzigartig wie du. Wir fühlen uns so oft verletzt, auf diese Weise zeigen wir uns gegenseitig die zu heilenden Aspekte unseres

Seins (Wunden). Die anderen erinnern uns an unsere Wunden, und wir erinnern andere mit unserem Verhalten an ihre Wunden. Wir erkennen, dass der Schmerz andere dazu führt, uns zu verletzen. Sich dabei in Mitgefühl zu üben und ihnen das ehrlich zu vergeben, ist deine Herzensgüte. Gib dein Bestes, und wenn du das nicht mit einem Sprung schaffst, hast du nun immer wieder einen Versuch, mit jedem weiteren SNAP!. Du kannst vergeben, wenn du aus einer höheren Warte mit einer höheren Energie in einem höheren Seinszustand bist. Wenn du das Geschenk, das dir – deiner Meinung nach – durch die »Missetaten« anderer zuteilwurde, ausgepackt hast, kannst du es mit den Augen der Liebe ansehen.

Befreiung von Schimpfen, Meckern und Klagen

Solange Menschen in ihr Ego fallen und sich wie Opfer verhalten, werden sie sich Schuldige suchen und Täter erschaffen. Sie finden in jeder Suppe ein Haar, egal, wie oft sie die Menschen in ihrem Umfeld auch auswechseln. Sie spielen nur das Bäumchen-wechsle-dich-Spiel. Wir Menschen erschaffen unser Umfeld und sind immer ein Teil der Situationen und Orte, die uns nicht gefallen. Es ist enorm wichtig, viel über sich selbst zu lernen, um die eigene Negativität und die der anderen zu sehen. Wenn Menschen schimpfen, meckern und klagen, suchen sie ein Ventil, um sich ihrer angestauten Angst und Wut zu entledigen. Statt sie loszuwerden, erzeugen sie aber noch mehr negative Energie. Um in solchen Situationen nicht in Resonanz zu gehen, ist deine wahre Kraft, also die Verbindung mit deiner Seele, erforderlich. Mit SNAP! hast du nun ein Werkzeug an der Hand, mit dem du für deinen inneren Frieden sorgen kannst und dich nicht in einen Krieg hineinziehen lassen musst. Die Methode führt dich in deine Macht, um in deinem Energiefeld aufmerksam, ruhig und friedlich zu sein. Wenn du also mit jemandem etwas zu diskutieren hast und ein bisschen Wut keimt zwischen euch auf, BLOSS KEINE PANIK! Nutze die Gunst der Stunde, um zu SNAP!pen und zu dir zu kommen. Je stärker dein Ego ist, umso wichtiger kommst du dir anderen gegenüber vor. Du hast nun die Chance zu lernen, deine Sichtweise, Vorschläge oder Ideen wunderbar klar, liebevoll und dankbar in sein/ihr Bewusstsein zu bringen. Sei dir gewiss: Alles – selbst die hitzigste oder lächerlichste Diskussion – erfüllt seinen Zweck. Wenn du dich dabei wach machst!

> *Solange da ist, was da ist,*
> *ist es da für dich, nicht gegen dich.*

Eigentlich ist es also ganz einfach: Gewöhne dir ab, deine Unarten und Widerstände zu verteufeln oder gar zu verleugnen. Authentische Menschen nehmen an, was sich zeigt, sei es positiv oder negativ, sie schätzen die Wahrheit und scheuen keine Konflikte.

> *Der beste Ort, um Achtsamkeit zu praktizieren, ist dort, wo Gefühle eskalieren.*

Bitte merke dir den obenstehenden Satz gut, wenn du das nicht bereits getan hast. Er ist ein Meilenstein, an dem du nicht mit einem Affenzahn vorbeirauschen solltest. Jeder von uns hat Konflikte und Probleme mit anderen Menschen. Aber es gibt einen feinen Unterschied: Ein Mensch, der seine Größe lebt, hat keine Angst mehr, Fehler zu machen und seine Schwächen zuzugeben. Warum auch? Wir alle haben Fehler und Schwächen! Machen wir uns doch nichts vor: Ein authentischer Mensch gurkt allerdings nicht mehr herum wie alle anderen und tut nicht wie Seine Heiligkeit im Panzerglaswagen. Die eigenen Fehler und Schwächen in Stärken zu verwandeln, beginnt, indem wir zu ihnen stehen. Wer nichts mehr zu wandeln hat, ist mausetot oder schon ein aufgestiegener Meister, und der hat ja bekanntlich keinen Körper mehr. Also: Relax, Schwester, nothing is under control. Du kannst nämlich ab jetzt jede Situation nutzen, um Selbstannahme zu erreichen und über dich hinauszuwachsen.

Du bist die Heilerin

Es gibt im esoterischen Bereich unzählige Heiler, die mit haarsträubenden Ritualen und »Dienstleistungen« sogenannte Ablösungen von karmischen Verbindungen oder »negativen Fremdenergien«, vornehmen. Falls du solche Hilfe in Anspruch nimmst, hast du dich zugleich für die Angst entschieden und drückst dich vor deiner eigenen Aufgabe, in Verbindung mit deiner Seele und in der Energie der Liebe zu sein. Vor dem Irrtum, dass andere dir die Arbeit abnehmen können, will ich dich mit allem Nachdruck warnen. Nur du allein kannst den Weg der Befreiung gehen, und es ist kein einfacher Weg. Er ist steinig, steil und mühsam, und du wirst höchstwahrscheinlich viele Male fallen, aufgeben, den Weg wieder zurückgehen, davon abkommen, ihn verlassen, um ihn erneut anzutreten. Dies ist der Weg des sich öffnenden Herzens. Das Zurückfallen ist ein natürlicher Vorgang, da deine Energie durch dein Ego immer wieder absinkt. Du darfst immer wieder aufsteigen und wählen, wie du auf deine Trigger im Außen reagierst. Übe dich in SNAP!. Du kannst immer wieder neu entscheiden. »Das Leben kommt im Rhythmus der Wellen, du kannst sie nicht vorhersagen oder kontrollieren, aber du kannst lernen, darauf zu surfen«, wie es der Autor Dan Millman einmal so schön ausgedrückt hat. Diese Wellen können wir nicht verhindern, weil sie Auswirkungen unseres noch unbewussten Handelns (Karma) sind, aber unsere Reaktion auf das, was passiert, können wir jederzeit ändern. Schicksalsschläge, Tragödien, Scheitern, finanzielle Verluste, Herzschmerz, Todesfälle – all das kommt auf uns zu. Und wir sind plötzlich mittendrin, WACH mit einem klaren Geist, nicht mehr überwältigt von vergangenen Gefühlen. Wir sind gründlich vorbereitet und bekommen in dieser Aufmerksamkeit Kontrolle über unsere Emotionen.

Wer sich selbst belügt, kennt seine Wahrheit nicht

Wenn ich mit meinen Mentees über Vergebung spreche, sagen mir nicht wenige, sie hätten einer Person, die sie sehr verletzt hat, schon lange Zeit vergeben. Im selben Augenblick aber erwähnen sie, dass sie den Namen nicht einmal mehr aussprechen wollen, und die Art und Weise, wie sie über jene Person reden, ist alles andere als frei von Wut, Hass und Ablehnung. Es ist ihnen nicht bewusst, welche Gefühle sie wirklich in sich hegen. Es ist unüberhörbar, man kann ihren Schmerz mit allen Sinnen wahrnehmen, aber sie verleugnen die Wut, den Neid, die Verletzung, die gefühlte Ablehnung oder die tiefe Traurigkeit, als müssten sie sich wegen dieser Gefühle schämen.

Irgendwann haben wir gelernt, dass man solche Gefühle nicht haben darf. Wir leisten Widerstand gegen die Angst, nach dem Motto »Das muss weg, das passt nicht zu dem Bild, das ich von mir habe!«. Hätten wir jetzt Zugang zu unserer inneren Weisheit, wüssten wir, dass Vergebung ein Tor zu großer Freiheit ist. Widerstand ist nur ein Schutz des Ego für das Bild, das wir von uns haben wollen. Schmerzhafte Gedanken und Gefühle wollen wir jedenfalls nicht, die werden verdrängt und verleugnet. In dieser Angelegenheit kommst du kein Stück weiter, du bleibst an diesem Punkt stehen und nimmst mit dieser Absicht viele Umwege in Kauf. Du wählst Wege, auf denen du immer wieder an einen ähnlichen Ort kommst, wo dir ähnliche Dinge geschehen und wo du an diesen wunden Punkt gelangst. Eine Begegnung mit dem Schmerz, der dir erneut deine Wunde zeigt. Das ist die Grenze, die du überschreiten darfst, um in deiner Entwicklung voranzukommen. Du wirst dir wieder den Kopf stoßen und dir wehtun, bis du dir selbst vergibst, dass du dir noch nicht vergeben kannst.

Da ist Wut, da ist Hass, da ist Widerstand. So ehrlich und authentisch darfst du zu dir sein. Die Ehrlichkeit führt dich in deine Kraft. Verleugnen, verdrängen, ablehnen und Widerstand leisten, all das kostet dich sehr viel Energie. Negative Energien sind nicht nur da draußen, sie sind vor allem in dir. Du selbst hältst dich in einer negativen Energie. Wir belügen uns gern selbst in solch unbewussten Bewusstseinszuständen. Ich bin mir sicher, dass du weißt, wovon ich spreche, und dass du in deinem Leben öfter ähnliche Erfahrungen gemacht und auch bei anderen Menschen beobachtet hast. Wir sehen die Dunkelheit, Fehler, Schwächen und blinden Flecken bei anderen viel besser als bei uns selbst. Und die gute Nachricht ist: Wir können aus den Fehlern der anderen lernen. Wenn wir gut beobachten, brauchen wir es selbst nicht zu erfahren. Wenn wir bewusst beobachten, was die Droge Heroin mit den Menschen macht, wollen wir diese Erfahrung nicht machen. Wozu auch? Angst ist der Ursprung aller Drogen, und die produzieren wir selbst.

Da wir uns entscheiden können, durch Weisheit und Bewusstsein zu lernen, müssen wir nicht gezwungenermaßen negative Erfahrungen machen. Negative Erfahrungen erzeugen einen hohen Druck; wir sind gezwungen, damit zu arbeiten, und können erneut wählen, mit der Ruhe unseres klaren Geistes zu reagieren. Du hast diese geistige Macht, sie ist in jedem angelegt. Die geistigen Fähigkeiten sind einfach anzuwenden, wir haben sie bloß vergessen. Und wer schon von ihnen gehört oder gelesen hat, übt nicht regelmäßig genug, wenn überhaupt. Dem Training des Körpers widmen wir ganz selbstverständlich viel mehr Aufmerksamkeit und sehen die Resultate. Dies könnte uns wunderbar als Vorbild für den Geist dienen.

> *Wer Bewusstheit sucht, findet sie in der Unbewusstheit.*

Mach es doch einfach

Ich lade dich mit SNAP! zu einem neuen Verhalten ein. Öffne dein Herz für das, was du wirklich denkst und fühlst. Lenke deine Energie nach »oben«. Wie negativ das Gefühl auch immer sein mag, du kannst dich darüber erheben. Fühle, atme und sei vollkommen WACH dabei. Auch wenn das Gefühl unglaublich unangenehm ist oder wehtut und absolut nicht dem entspricht, was du dir so sehnsüchtig wünschst – fühle es dennoch. Fürchte dich nicht davor, erfahre es und schnippe spontan mit den Fingern. Sprich die Sätze laut aus. SNAP! führt dich auf den Weg zur Vergebung und weit darüber hinaus an den Punkt, an dem dir bewusst wird, dass es nichts zu vergeben gibt. Wie oft hören wir die üblichen Opfer- und Tätergeschichten: »Das, was X getan hat, hätte er nicht tun dürfen!« – »Mit Y bin ich fertig, sie ist schuld an ...«. Das Ego spricht mit viel Wut und es will die Kontrolle über die Situation und unser Herz. Doch dein Herz dürstet es nach Freiheit, und nur Liebe und Bewusstheit können diesen Durst stillen.

> *Der Schmerz wiegt schwer auf jenen,*
> *die sich permanent beschweren.*

Und sie tun es verbal, wenn sie mit jedem, der ihnen begegnet, darüber sprechen. Solange du dich beschwerst, nährst du die Energie aus der Vergangenheit und holst sie Tag für Tag in deine Gegenwart. Mit SNAP! hast du ein Werkzeug an der Hand, das du im Alltag einsetzen kannst, wann immer du loslegst mit dem Beschweren über das, was bereits geschehen ist. Mit der Anwendung von SNAP! machst du dich frei davon.

Gute Lehrer, schlechte Lehrer

Natürlich kannst du dich in schwierigen Lebensprozessen zur Unterstützung deiner Selbstheilung an andere Menschen wenden. An Mentoren, Weisheitslehrer, Coaches, Schamanen oder Ärzte und Therapeuten. Du kannst neue Methoden in Workshops und Seminaren erlernen und dir Wissen aneignen, aber unterliege bitte nicht der Illusion, dass sie dich ohne dein Zutun retten können. Eine weise Mentorin wird dir immer ein Werkzeug in die Hand drücken, mit dem du dir selbst helfen kannst, wie die Angel, mit der du dir den Fisch aus dem Wasser holst. Jene, die dich mit Fisch füttern, aber die Angel vor dir verstecken, wollen dich von ihrer Gegenwart abhängig machen und sich ihren Lebensunterhalt mit deinen Ängsten finanzieren.

Gute Lehrer legen dir Werkzeuge in die Hand, die du selbstständig anwenden darfst. Die spirituelle Welt hält allerlei wundersam klingende Möglichkeiten bereit. Doch den Nagel des Lebens musst du selbst finden und in deine Wand hämmern, um deinen Retter in Form eines Heiligenbilds daran zu befestigen: das heilige Bild von dir selbst. Jemanden, der heiliger ist als du, gibt es nämlich nicht. Du bist, wo du bist. Auf der Ebene, in dem gegenwärtigen Bewusstseinszustand, in dem du dich jetzt gerade befindest. Und du bist immer in Bewegung und stehst nicht still. Wie niedrig oder hoch deine Schwingung auch manchmal sein mag: Du darfst es anerkennen! Du bist mal oben und dann wieder unten. Du schwingst niedrig und hoch. Du erhebst dich und du erniedrigst dich und schwankst zwischen Ekstase und tiefer Depression. Du eskalierst nicht nur, du bist die Eskalation! Du hast die Macht, dich mit freiem Willen, aus der tiefsten Erkenntnis deines Herzens und aus deinem unbändigen Lebensmut heraus zu erheben und Liebe zu sein. Liebe dich! Es gibt keine bessere Möglichkeit.

Das soll nicht heißen, dass es keine Menschen mit heilenden Fähigkeiten gibt, die dir helfen können und dich in Richtung Heilung führen, aber diese Menschen sind sehr rar und sie würden dir niemals versprechen, dich von bösen Mächten, dem Karma, einem Peiniger, dem Ex oder der Schwiegermutter zu befreien. Das wird kein guter Lehrer für dich tun, da er weiß, wie wichtig und wertvoll deine Lebenslektionen für dich sind. Wenn Heilung mithilfe eines anderen Menschen jemals funktioniert hat, dann nur, weil du selbst aktiv daran teilgenommen hast, deine Liebesfähigkeit zu erweitern, und dies dein Tun und somit deinen Seinszustand verändert hat. Deine gelebte LIEBE kannst du niemandem abkaufen. Du darfst sie wachsen lassen, sie teilen, verschenken und sein. Das ist Selbstheilung.

Kapitel 5

DIE ENERGIE DEINES KÖRPERS

ENE, MENE, GENE

Wenn mich so manche Frau fragt, wie alt ich bin, und wenn ich ihr antworte, dass ich bereits mehr als ein halbes Jahrhundert auf der Welt wandle, wird es oft sehr still. Sie kann das nicht glauben, weil sie sagt, dass ich höchstens wie »Pfümmendreisisch« aussehe (ach, wie herrlich sich mein Ego dann immer freut!). Und dann denkt sie laut darüber nach, wie das denn nun sein kann. »Du hast eben gute Gene! Bei der Verteilung der Gene habe ich wahrscheinlich nicht laut genug 'Hier!' gerufen«, verkündet sie. Die Geschichte mit den Genen höre ich sehr oft. Das scheinen Monster unter vielen Betten zu sein. Ja, echte Biester, diese bösen Gene.

Okay, dann bin ich jetzt Queen Mum – and I am not amused. Liebe Schwester, jetzt pass mal gut auf: Die armen Gene haben damit meistens überhaupt nichts zu tun. Vielleicht hast du nämlich vor lauter Ausreden nichts für deine himmlische Lichtgestalt und deinen Geist getan. Wir altern vor allem dann am schnellsten, wenn wir negativ denken und wir irgendetwas tun, was nicht aus der Seele kommt. Wenn wir blind dem folgen, was uns die Mehrheit der Masse vorlebt, und wir die eigene Wahrheit und Lebendigkeit unterdrücken, um andere nicht zu verunsichern. Du kannst dich jünger denken, denn mit deinen Gedanken beginnt alles in deinem Leben und nimmt seinen Lauf. Wir wissen es doch alle selbst: Unsere Gestalt ist der Ausdruck unseres Lebensstils, nicht mehr und nicht weniger. Viele von uns sind einfach nur zu bequem, täglich eine halbe Stunde früher aufzustehen und den Tag mit einem energievollen Geist, mit der Willenskraft, in Bewegung und bewusster Atmung zu beginnen. Anscheinend hängen wir ziemlich fest in den Klauen der Vergangenheit. Sonst hätten wir keine Ausrede mehr für die eigene Unentschlossenheit und Lethargie.

Ja, Schwester, wenn du dich hier angesprochen fühlst, sag ich es dir mitten ins Gesicht. Wer außer mir darf es dir denn sonst sagen? Ich bin doch nur dein lautes Du. Vielleicht hörst du nun deinen Spirit Call. Wenn du dich bis jetzt noch nicht aufraffen konntest: Was muss ich denn noch sagen, damit du endlich deinen Allerwertesten hochkriegst? Mir wurde das, was du sehen und fühlen kannst, auch nicht geschenkt. Ich habe mein Verhalten geändert und es zu meiner neuen Gewohnheit gemacht, sonst nichts.

Mit Entschluss- und Tatkraft

Und das kannst du natürlich auch! Jederzeit! Egal, wie alt du bist. Es dauert ein bisschen und kostet dich nicht nur ein gutes, saftiges Stück Sitzfleisch, sondern auch viele energieraubende Gedanken und Gefühle. Die Entscheidung und die Tatkraft dürfen aber Tag für Tag von dir kommen. In wenigen Monaten kannst du erleben, wie ein Wunder mit deinem Körper und Geist geschieht, wenn du beginnst, neue

Gewohnheiten zu kreieren. Alle deine Zellen werden aktiv und fangen an zu arbeiten. Auf welche Art und Weise wir unser Gehirn inspirieren, das Herz zum Pumpen bringen, unsere Lunge mit Sauerstoff anreichern und die Muskeln zum Wachsen bringen, ist unsere Sache. Ob du eine Fitness-App abonnierst, joggst, Tennis spielst, im Fitnessstudio trainierst, Yoga übst oder nach Videos auf YouTube turnst: Es gibt heute so viele Möglichkeiten, sich zu bewegen, dass keine Ausrede mehr zählt.

Ab einem gewissen Alter baut der Körper zusehends Muskelmasse ab, dem solltest du entgegenwirken. Nicht nur dein Körper wird sich durch Bewegung verändern, alles ändert sich. Du hast mehr Lebensfreude, bist begeistert, siehst um etliche Jahre jünger aus, hast mehr Fokus und definitiv sichtbar mehr Knack am Po! Dabei bleibt es nicht. Eine »Running-System-Kettenreaktion« wird in Gang gesetzt, und du wirst heavenly geführt. »Änd sen… look at se« Ergebnis und staune und freu und wertschätz dich und: OU JÄR! Ich verspreche dir: Egal, wie alt du bist, du verliebst dich hemmungslos in das von dir neu gestimmte, himmlische Instrument. Immer wenn du in deiner Größe, deinem höheren Seinszustand bist, blickst du in die richtige Richtung und richtiges Handeln ergibt sich ganz von selbst.

Die Schöne und das Biest

Um das fröhliche Kichern der straffen Extremitäten zu vernehmen, muss jede von uns zuvor einem hinterhältigen Biest Einhalt gebieten. Denn da gibt es ein Übel, das dich verfolgt, dir überall auflauert, bei Tag und in der Nacht. Es poppt in deinen Gedanken auf und schleicht sich in deine Taten. Es ist ein widerliches Monster mit schrecklichen Zähnen und riesigen Klauen. Es schleicht sich immer wieder von hinten an dich ran, und hat es dich einmal gepackt, so gibt es kaum ein Entrinnen. Das Untier versteckt sich in einer unterirdischen Höhle, deinem Unterbewusstsein, und nur dort kannst du es stellen und besiegen. Nenne es bei seinem Namen, sag ihm, dass du es erkannt hast! Und mach seine abartige Treibjagd nicht länger mit. Nimm dir dein Herz als Waffe und kämpfe mit dem Tier in tausend Gestalten. Und plötzlich erkennst du, dass du es bist, mit der du ringst, denn du bist die Schöne und das Biest – namens Gewohnheit!

Ekstase statt Eskalation!

Mein Vorschlag, meine Mutigste: Neue und bessere Gewohnheiten müssen her. Du hast für jede Lösung ein Problem parat? Oha, du hast die Energie der Eigenmotivation verloren. Das ist aber auch schon alles. Die gute Nachricht ist: Nichts geht wirklich verloren, du darfst sie nur wiederfinden! Nichts bringt sie dir so effektiv zurück wie die tägliche Routine. Sie spart dir Zeit, kostet dich kein Geld und du schenkst dir eine fette Dosis Ekstase für einen sonnigen Tag! Ganz und gar unabhängig vom Wetter.

Wie, du bist kein Frühaufsteher? Das trifft sich aber gut! Ich auch nicht. Na und? Das ist eine wundervolle neue Gewohnheit! Warum? Ich möchte dich damit zu einer neuen Bewusstseinsfrequenz einladen. Beginne jeden neuen Morgen in einer dankbaren Energiehaltung, mit dem Yoga-Sonnengruß und anschließend ein bis zwei SNAP!-Yogahaltungen inklusive geistiger Hausaufgabe. Deine Lebensenergie wird sich nicht nur verdoppeln, sondern multiplizieren!

Als Bonus schlägst du fünf Fliegen mit einer Klappe: Du hast eine optimale Kombination aus Kraft, Koordination, Flexibilität, geistiger Klarheit und Meditation.

Ich freu mich jetzt schon für dich, denn bald wirst du spüren, welch enorme Wirkung bereits diese täglichen 30 Minuten auf Körper, Geist und Seele haben.

Den Generator der Lebensfreude anwerfen

Diese 30 Minuten nach dem Aufstehen sind essenziell, auch wenn du bereits jeden Abend ins Fitnessstudio gehst. Du solltest sie unabhängig vom Rest deiner sportlichen Aktivitäten durchführen. Denn hier geht es vor allem darum, deine Lebensenergie am Morgen in die richtige Bewusstseinsfrequenz zu lenken, deine Energie die Wirbelsäule aufwärts zu bewegen und die Energieschlösser deiner Chakras zu öffnen. Der Schlüssel, den du damit gefunden hast, heißt Selbstliebe.

Und es gibt noch einen nicht ganz unwesentlichen Vorteil: Dein Körper ist schon in »Äktschn«, noch bevor dein Gehirn mitbekommt, was da gerade vor sich geht. Weil du bei Tagesanbruch schon längst die Matte ausgerollt hast und loslegst. Wer mehr Energie haben will, darf sich zunächst einmal selbst überwinden. Schwitze, atme, krabble auf allen vieren und, jawohl, du darfst auch fluchen, wenn du schon bald deine Schwächen entdeckst. Das ist gut, denn das, was du noch nicht so gut kannst, ist das, was du am meisten brauchst. Das, was dir am schwersten fällt, ist das, was du am meisten üben darfst. Hier zeigen sich deine Dysbalancen. Das, was du gut kannst, zeigt nur, dass da schon Muskeln existieren und Flexibilität sowie Koordination wach sind. Alles andere schlummert in Seelenruhe vor sich hin und verkümmert wie eine Trockenpflaume. Und endlich – endlich! – hörst du auf mit dem sinnlosen Bereuen, dass du nicht tust, was du eigentlich tun möchtest, weil du ganz genau weißt, dass es sich verdammt gut anfühlt, wenn man erst mal voll dabei ist! Erinnere dich: Reue ist eine stark blockierende, keine motivierende Energie. Wenn du es nicht schon tust, wecke alle deine Muskeln und Organe auf! Aktiviere dein Prana (Lebensenergie) in seiner Dreifaltigkeit am Morgen, denn Körper, Geist und Seele sind die Generatoren deiner Lebensfreude und positiven Lebensenergie.

Das tägliche Körpertraining ist das Geheimnis für den lebenslangen Knack, nicht nur an deinem Po! SNAP! stärkt deine Willenskraft und ist deine Fitness für den Geist, der dich motivieren wird. Raus aus den trägen Gewohnheiten. Beginne mit neuen Ritualen und lade deine neuen Werte mit hoher Intensität auf! Entwickle eine tägliche Routine, die schon bald zu deiner gesunden Gewohnheit wird. Beginne dort, wo du im Moment bist, mit dem Körper, den du dir bis heute erschaffen hast, denn der liebe Gott ist schon lange raus aus der Nummer. Jetzt bist du dran, dich völlig neu zu erschaffen. Du bist die Hand, der Fuß, der Oberschenkel und der Waschbrettbauch Gottes. Und ja, manchmal bist du wütend! Du bist wütend, um dir deine Wut genauer anzusehen. Du darfst so voller Wut sein, dass du deinen trotteligen Trott, deine schlechten Gewohnheiten, im Kern schmelzen lässt und dabei endlich wieder lebendig wirst. Du brauchst von niemandem die Erlaubnis dazu und du brauchst erst recht keine Warteschlange, an der du dich hinten anstellen kannst. Tu es für dich, jetzt.

> *Lass den gegenwärtigen Moment,*
> *der dir deine momentane Schwäche aufzeigt,*
> *niemals zu deiner Ausrede werden.*
> *Das hält dich von allem ab, was du dir wirklich wünschst.*

An manchen Tagen wirst du dich vielleicht schwach, wertlos, unfit, träge, schwabbelig, 180 Jahre alt, hässlich oder alles auf einmal fühlen, während du gerade dabei bist, etwas für dich und deinen Körper zu tun. Dann hilf dir mit SNAP! 1–2–3, und übe mit viel Freude an dir weiter. Hab Spaß dabei!

Muskeln, Gehirnzellen und Bewusstsein haben eines gemeinsam: Sie können nur wachsen, wenn du in einem Zeitfenster von mehreren Monaten das lebst, was du weißt. Fang dort an, wo du bist, und erwarte keine Siebenmeilenschritte. Sei mit jeder Übung achtsam und nimm dir Zeit. Dein Körper ist so, wie er ist. Jetzt ist der Moment da, in dem du die Verantwortung für deinen Körper übernimmst, ihn so annimmst, wie er ist, und ihn ab sofort besser und liebevoller behandelst. Und ja, er wird sich den Anschein geben, sich zu wehren, denn lange genug hast du ihn in der Komfortzone gehalten, und ja, vielleicht hast du auch eine Zeit lang eine dicke Schutzmauer um dein Herz herum gebraucht. Das ist alles in Ordnung. Alles hat seine Zeit. Doch nun sagt deine innere Weisheit »Los!«, denn sonst hättest du nicht den tiefen Wunsch, etwas zu verbessern.

Die vielen Vorteile von intensiver Bewegung für den Körper sind dir sicher auch schon längst bekannt. Aber ich rufe sie gern noch einmal auf: Deine Knochen werden durch starke Muskeln gestützt und an Ort und Stelle gehalten. Dein Stoffwechsel wird aktiviert, du entgiftest intensiver und mehr Fett wird verbrannt. Deine Organe werden massiert, und der viele Sauerstoff, den du atmest, gelangt in deine Zellen. Aber noch viel wichtiger ist: Du erzeugst Energie! Und wirst wieder quicklebendig! Du bewegst endlich dein rattenscharfes Gerät, und das schärft auch deinen Geist. Und deine Seele singt wie im Lied von Peter Fox: »Mama, zeig mir dein Gepäck! Baby, komm, schüttel Bug und Heck! Perle, dein Tisch ist gut gedeckt! Schüttel deinen Speck, schüttel deinen Speck!«, und dein Herz tanzt!

DIE SNAP!-PRINZIPIEN FÜR DEINEN KÖRPER

SNAP! steht für die Transformation von einem niedrigen in einen höheren Seinszustand. Das, was du bisher mit deinen Gedanken und Gefühlen getan hast, kannst du auf die gleiche Weise auch mit deinem Körper tun: wach, also aufmerksam, und aktiv werden, lieben, in Verbindung mit dir und deinem Körper sein.

So, wie du mit dem ersten SNAP!-Call deine negativen Gefühle und Gedanken zunehmend besser wahrnimmst und wacher und aufmerksamer wirst, kannst du das auch mit den Empfindungen in deinem Körper tun. Du kannst lernen, deinen Körper besser wahrzunehmen, und, anstatt mit Wut, auf den Schmerz und auf das Missempfinden in einer bestimmten Körperregion mit Liebe und Mitgefühl reagieren. Schließlich kannst du bewusst die Verbindung mit jedem Körperteil, jedem Organ, sogar jeder einzelnen Körperzelle suchen und eingehen, sobald du deinen Fokus neu ausrichtest. Um dich darin Schritt für Schritt zu verbessern, habe ich dir auf den folgenden Seiten neun von den 24 transformativen Yogaübungen zusammengestellt. Die von mir, in Zusammenarbeit mit meinem lieben Kollegen Helmar Rudolph, dem Coach, Übersetzer und Studienbetreuer des Master Key Systems, entwickelt worden sind (siehe auch: https://www.mrmasterkey.com/).

Mögen dir die Übungen auf deiner Reise zu dir selbst behilflich sein und dich lehren, mehr Energie in deinem Körper und Geist zu erzeugen. Mögen sie dir beibringen, deine Gedanken zu führen, deinen Geist aufzuklaren und dein Gehirn neu zu programmieren.

SNAP!-Yoga: Mehr Energie für Körper und Geist

Yoga ist überall. Auf jedem Teebeutel-Zettel findet sich inzwischen eine yogische Weisheit. Yogastudios auf der ganzen Welt vermitteln eine Vielfalt von Stilen und Techniken, die entwickelt wurden, um die körperliche Fitness zu verbessern. Yogaposen erhöhen deine Flexibilität, stärken deine Muskeln, verbessern deine Haltung, massieren deine Organe, regen den Energiefluss in den Chakras an und entfachen dein Verdauungsfeuer. Würde das Ausüben von Yoga nur diese körperlichen Vorteile mit sich bringen, hätte es sich seinen Platz in unserem Leben schon verdient. Yoga ist aber in seinem Kern weit mehr als nur eine Methode, um körperliche Fitness zu erlangen. Yoga ist die Wissenschaft des ausgewogenen Lebens, ein Weg, auf dem dein volles menschliches Potenzial entdeckt werden kann. In dieser turbulenten Zeit bedeutet Yoga Zugang zu einer stilleren Domäne deines Lebens. Yoga bedeutet Zentriertheit und Fokus inmitten von Unruhe und Chaos. Das Wort »Yoga« leitet sich von der Sanskritwurzel yuj ab, was »vereinigen« bedeutet. In seinem Kern bedeutet Yoga also »Einheit« – Vereinigung von Körper, Geist (Verstand) und Seele.

SNAP! und Yoga sind Methoden der Verbindung. Darum liegt es auch auf der Hand, diese beiden Wege zu verbinden. Beide haben eine elementare Gemeinsamkeit: Sie funktionieren ohne Theorie oder Ideologie. Es ist nicht notwendig, an irgendwelche Prinzipien zu glauben, um von SNAP! oder von Yoga zu profitieren. Allein die Übung und die daraus resultierenden Veränderungen bestätigen ihre Kraft und zeitlose Wahrheit. Falls du schon eine regelmäßige Yogapraxis hast, umso besser! Hänge dann einfach täglich eine SNAP!-Yogaübung an deine morgendliche Praxis an. Oder starte den Tag mit Ekstase und beginne mit einem Yoga-Klassiker, Surya Namaskar, dem Sonnengruß.

Da der Sonnengruß mittlerweile zum Standardprogramm in jedem Yogastudio gehört und in unzähligen YouTube-Videos abrufbar ist, habe ich dir auf der nächsten Doppelseite eine »Sonnenuhr« zur Erinnerung angefertigt. Einmal im Kreis herum, und los!

Der Sonnengruß

Surya Namaskar

1. SNAP!-Yoga: Energiefluss und Körperkontrolle

Sufi-Kreise – Wurzelchakra

Haltung: Roll deine Matte aus und setz dich in den Schneidersitz, aufrecht, angenehm, aber nicht zu lässig; lass deine Gedanken kreisen, wohin sie wollen, aber sei dabei absolut still. Herrlich, einfach mal die Klappe halten. Die Hände liegen auf den Knien. Lass den Oberkörper aus der Hüfte heraus kreisen, der Kopf bleibt dabei in der Mitte. Wenn du nach vorn kreist, bringe das Brustbein nach vorn und atme dabei ein. Wenn du nach hinten kreist, runde den Rücken, indem du die Wirbelsäule nach hinten biegst, dabei atmest du aus. Übe das jeweils 5 Minuten – in beide Richtungen – und bis du die volle Kontrolle über deinen Körper in Kombination mit der Atmung und der geistigen Übung erlangt hast.

Viele werden diese Übung extrem schwierig finden, andere werden sie mit Leichtigkeit meistern. Es ist absolut unerlässlich, dass du die Kontrolle über deinen Körper in dieser Übung hast, bevor du mit den anderen Haltungen fortfährst.

Geistige Übung: Während du Atem und Körper in Einklang bringst, schließe die Augen und beginne nun, dir deine Seele als das Zentrum in deiner Wirbelsäule vorzustellen. Kreise mit dem Körper um dein Zentrum herum und zieh deine Aufmerksamkeit dort in deine Seele hinein. Spüre nun beim Einatmen mit der Brust nach vorn, wie die Energie nach oben steigt. Spüre beim Ausatmen und mit rundem Rücken, wie die Energie die Wirbelsäule entlang wieder nach unten fließt. Lenke deine Seelenenergie im Zentrum durch den Kanal deiner Wirbelsäule ganz bewusst nach oben, bis zu dem Punkt zwischen deinen Augenbrauen.

Wirkung: Eine wunderbare Aufwärmübung für deinen Körper, um den Energiefluss in der Wirbelsäule zu aktivieren. Die Leistengegend wird geschmeidig, die inneren Organe werden massiert und die Erdung wird intensiviert. Rückenmuskulatur und Wirbelsäule werden gelockert. Energetisch gibt dir diese Übung Selbstsicherheit; sie unterstützt jeglichen Neubeginn und die Bewusstseinserweiterung in deinem Leben.

2. SNAP!-Yoga: Die Kontrolle über deine Gedanken

Schlafender Schwan – Nabelchakra

Haltung: In dieser Yogahaltung erhältst du eine geistige Übung, die der Kontrolle deiner Gedanken dient.

Du beginnst im Herabschauenden Hund. Dafür begibst du dich zunächst in den Vierfüßlerstand. Setze die Knie etwas hinter den Hüftgelenke und die Handgelenke unter den Schultergelenken auf die Matte. Achte auf einen geraden Rücken und stelle die Zehen auf. Die Finger sind weit aufgefächert. Deine Fingerspitzen sind dabei, wie die Zehen eines Geckos, kräftig auf die Matte gedrückt, insbesondere Daumen und Zeigefinger »saugen« sich in den Boden. So hebt sich dein natürliches Handgewölbe leicht an, das Gewicht auf den Händen wird gleichmäßig verteilt und die Handgelenke werden entlastet.

Verlagere nun das Körpergewicht nach hinten und schiebe dabei den Po Richtung Himmel – die Wirbelsäule bleibt lang.

Gern kannst du die Knie beugen, damit dein Rücken gestreckt bleibt. Zu Beginn ist es nicht wichtig, die Fersen auf den Boden abzustellen. Beuge die Knie, damit sich die Muskeln an den Oberschenkelrückseiten entspannen können. Wichtig ist, dass der Po nach oben strebt. Dein Kopf hängt gerade zwischen den gestreckten Armen (langer Nacken). Stabile Hände und Arme sind der Schlüssel für einen stabilen Herabschauenden Hund. Du kannst zusätzlich die Ellenbogen leicht beugen und

die Oberarme etwas nach vorne schieben – danach die Arme wieder strecken. Die Oberarme rotieren nach außen, die Unterarme nach innen.

Leg nun das rechte Knie weit vorn zwischen den Händen ab; wandere mit dem Fuß etwas nach links und leg Unterschenkel und Knie ab. Dein Knie befindet sich außerhalb deiner rechten Hüfte, der Fußrücken liegt auf dem Boden. Lege nun dein linkes Bein ab und strecke es lang nach hinten aus. Den Fußrücken ebenfalls ablegen, wenn es sich gut anfühlt, ansonsten lass die Zehen aufgestellt.

Sei sehr achtsam mit deinem Knie und lege, falls nötig, ein Kissen oder eine dicke Decke als Polster darunter. Gehe langsam und vorsichtig in diese Haltung hinein. Bring den vorderen Fuß nah an das Schambein. Fühle, was dein Körper dir im Moment erlaubt und wie weit du gehen kannst. Diese Haltung bewirkt eine intensive Hüftöffnung. Leg deinen Oberkörper lang nach vorn und stütze dich dabei auf den Unterarmen ab.

Wenn es sich gut anfühlt, geh tiefer und leg dich ganz auf dein gebeugtes vorderes Bein ab. Atme tief in die Bereiche deines Körpers, die jetzt besondere Aufmerksamkeit brauchen. Schick deinen Atem an jene Stellen, die sich angestrengt oder herausgefordert anfühlen, und lass genau dort jegliche Anspannung los. Atme dabei tief ein und sehr lange wieder aus, so lange, bis keine Luft mehr aus der Lunge kommt. Wiederhole diese lange Ausatmung ganz bewusst.

Geistige Übung: In dieser Position darfst du lernen, deine Gedanken zu kontrollieren. Sei nun vollkommen still. Lass alle Gedanken los; dies wird dir die Kontrolle über alle negativen Gedanken (Kummer, Sorgen, Ängste und Zweifel) geben und dich in die Lage versetzen, nur diejenigen Gedanken zuzulassen, die du haben möchtest. Konzentriere dich auf das, was du willst, nicht auf das, was du nicht willst. Du wirst deine Gedanken vielleicht nur für sehr kurze Momente abstellen können, aber die Übung ist trotzdem wertvoll. Sie zeigt dir die riesige Anzahl der Gedanken, die sich ständig Zugang zu deiner geistigen Welt verschaffen und deine Willenskraft zerstreuen. Übe diese Yogahaltung, bis du jegliche Anspannung aus dem Körper lösen kannst. Beobachte alle deine Gedanken, vor allem jene, die dich glauben lassen wollen, dass diese Übung nicht für dich geeignet ist.

Wirkung: Der Lenden-Darmbein-Muskel wird entspannt (Iliopsoas). Dieser wird auch der Muskel der Seele genannt und ist der einzige Muskel, der Ober- und Unterkörper großflächig verbindet, genauer gesagt: unsere Wirbelsäule mit den Beinen. Dieser tiefste Muskel unseres Körpers reagiert sehr stark auf Anspannung, die sich durch Stress im Körper manifestiert. Wann immer wir also unter etwas leiden, wird der Iliopsoas getriggert und angespannt. Er setzt seitlich am zwölften Brustwirbel an und umspannt von dort aus alle fünf unteren Lendenwirbel. Von dort aus verläuft er über den unteren Bauchbereich und über das Becken zum oberen Teil des Oberschenkelknochens. Er macht es dadurch möglich, dass wir unsere Beine heben und senken können. Weiterhin ist er über die Faszien mit dem Zwerchfell verbunden, er spielt also auch eine wesentliche Rolle für unsere Atmung. Mehr noch, er bildet eine Art Ablage für viele wichtige innere Organe. Diese Haltung fördert letztendlich die Willenskraft und stärkt ein tiefes Gefühl der Hingabe und Demut an das Göttliche.

3. SNAP!-Yoga: Die Kraft der Aufmerksamkeit

Berghaltung (Tadasana) – Stirnchakra

Haltung: Stell dich vor deinen größten Spiegel: Die Wirbelsäule sollte gerade sein, der Rücken leicht nach vorn gedrückt. Das Kinn ist ein wenig eingezogen, die Füße stehen eng zusammen, die großen Zehen berühren sich. Leg die Arme an die Seite und hebe das Brustbein leicht an. Deine Haltung sollte Selbstsicherheit, Präsenz, Aufmerksamkeit und Intelligenz ausdrücken. Achte nun auf deinen Atem. Entspanne den Bauch und atme voll und tief in den Bauch ein, bis er sich nach außen wölbt. Die Beine stehen kraftvoll und stark, die Kniescheiben heben sich dadurch an, die Oberschenkel sind angespannt. Diese Haltung ist nicht wie das normale Stehen in einer Warteschlange, sondern ein bewusstes Stehen mit Kraft und Aufmerksamkeit!

Geistige Übung: Betrachte dich nun für 5 Minuten sehr genau im Spiegel. Schau dir den Ausdruck deiner Augen an, die Form deiner Gesichtszüge, deine Schultern, die Kleidung, die du trägst, und deine Haare. Beachte jedes kleinste Detail, das du im Spiegel sehen kannst. Nun schließe die Augen und versuche, dich vor deinem inneren Auge zu sehen. Wenn du jedes Detail perfekt sehen und dir eine gute geistige Vorstellung von dir machen kannst, wunderbar! Wenn nicht, wiederhole den Vorgang, bis du es kannst. Durch diese Übung intensivierst du deine Aufmerksamkeit und wirst schließlich in der Lage sein, deine geistige Stimmungslage, deine Einstellung und dein Bewusstsein besser wahrzunehmen.

Wirkung: Tadasana verbessert deine Körperhaltung, trainiert deine Rückenmuskeln und entlastet Wirbelsäule und Hüften. Das körperliche Gleichgewicht wird gefördert. Du wirst dir deiner Haltung und der Aufrichtung deiner Wirbelsäule bewusst. Diese Haltung verbessert deine Ausstrahlung und dein Selbstwertgefühl. Tadasana bringt neue Energie und Konzentration. Deine Verbindung zur Erde und ihre Energie wird intensiv spürbar. Du kannst den Energieaustausch zwischen deinen Füßen und der Erde wahrnehmen. Fühle, wie die Energie über deine Beine immer weiter nach oben strömt. Besonders angesprochen wird das Wurzel- oder Muladhara-Chakra. Deine Lebensenergie steigt vom Steißbein in Richtung Scheitel durch alle Chakras auf.

4. SNAP!-Yoga: Im Einklang mit den Gesetzen des Universums

Schmetterling (Bhadrasana) – Sakralchakra

Haltung: Setz dich auf den Boden vor eine weiße Wand und winkle die Beine wie im Schneidersitz an. Leg die Fußsohlen aneinander und greife die Fußspitzen mit beiden Händen. Zieh sanft beide Fersen so nah wie möglich an das Schambein heran. Beide Knie werden nun zum Boden gezogen. Das kann wie das Schlagen der Flügel eines Schmetterlings aussehen oder einfach nur gehalten werden. Sollte der Druck auf Knie oder Beine zu groß werden, zwischendurch die Beine lockern und ausschütteln.

Wenn die Muskulatur an den Innenseiten deiner Beine sehr verkürzt ist, kannst du dir gern je einen Block oder gefaltete Decken unter die Oberschenkel legen, um sie abzustützen. Ebenso empfiehlt es sich, dass du dich auf den Rand einer gefalteten Decke setzt, wenn du dein Becken nicht gerade aufrichten kannst.

Geistige Übung: Die geistige Aufgabe besteht darin, dein Wissen mit Konzentration anzuwenden. Zeichne im Geiste eine schwarze, etwa 15 Zentimeter lange horizontale Linie auf die weiße Wand. Versuche, die Linie so zu sehen, als wäre sie tatsächlich auf die Wand gemalt. Nun zeichne im Geiste zwei vertikale Linien und verbinde je eines ihrer Enden mit einem Ende der horizontalen Linie. Zieh jetzt noch eine weitere horizontale Linie, die die beiden vertikalen Linien an ihren anderen Enden verbindet. Jetzt hast du ein Quadrat. Versuche, das Quadrat perfekt zu sehen. Wenn du das kannst, zeichne einen Kreis innerhalb des Quadrates. Platziere nun einen Punkt im Zentrum des Kreises. Jetzt zieh diesen Punkt etwa 25 Zentimeter zu dir heran. Nun hast du einen Kegel auf einer quadratischen Grundfläche. Ändere nun die Farbe des »Gemalten« in Weiß, Rot, Gelb. Wenn du das kannst, machst du ausgezeichnete Fortschritte und wirst bald in der Lage sein, dich auf jedes gewünschte Ergebnis, das du im Kopf hast, zu konzentrieren. Unterschätze nie die Wirksamkeit der geistigen Übungen, erst allmählich wirst du merken, wie deutlich und präzise deine Visualisierungen werden. Sie schulen deine Vorstellungskraft und Konzentration enorm und dienen dir dabei, deine Ziele zu erreichen.

Wirkung: In Bhadrasana entwickelst du Flexibilität in den Hüften und löst energetische Blockaden im Beckenbodenbereich. Der Schmetterling unterstützt die Energie, dich mit Leichtigkeit zu konzentrieren und vorwärts zu streben. Mit der geistigen Übung lernst du, zielgerichtet zu denken.

5. SNAP!-Yoga: Du bist ein Wunschmagnet!

Dreieck (Trikonasana) – Sonnengeflecht/Herzchakra

Haltung: Ausgangsposition für diese Übung ist die Berghaltung (siehe Seite 155). Stell dich an den Anfang deiner Matte. Geh nun mit dem rechten Bein einen großen Schritt nach hinten; dein rechter Fuß soll quer zur Matte stehen, so, wie die Hüfte nun quer zur Matte steht. Dein linker Fuß zeigt nach wie vor nach vorn. Atme tief ein und hebe deine Arme auf Schulterhöhe seitlich an, den linken Arm nach vorn, den rechten Arm nach hinten ausgestreckt, die Handflächen zeigen nach unten.

Beim Ausatmen lehne den Oberkörper weit nach vorn, als würdest du versuchen, die Wand zu greifen. Werde länger im Rücken, bis du dich nicht weiter nach vorn bewegen kannst.

Lasse jetzt den linken Arm langsam zu deinem vorderen Fuß sinken. Den rechten Arm streckst du nach oben zur Decke. Greife entweder an dein Schienbein oder deinen großen Zeh; du kannst die Fingerspitzen auch sanft auf den Boden links neben deinen Fuß oder auf einen dort platzierten Block stellen oder du lässt sie innen an der Wade mit der Handfläche nach vorn »schweben« (siehe Bild). Beachte, dass der Rücken lang ist und die Hüfte parallel zur Yogamatte zeigt. Spanne deinen Bauch an und halte ihn kraftvoll, um die untere Wirbelsäule zu unterstützen. Dein Blick geht in die geöffnete Handfläche, die zur Decke zeigt. Der Nacken sollte

im Verhältnis zur Wirbelsäule gerade sein und das Kinn sanft nach innen gezogen. Spüre deine starken Beine in Verbindung zur Erde; spüre den vorderen Fuß, der eine starke Verbindung zur Erde hat, während der rechte Fuß die Außenseite deines Körpers unterstützt.

Geistige Übung: Atme tief und gleichmäßig in dieser Haltung und konzentriere dich nun auf folgendes Zitat aus der Bibel:

> *»Darum sage ich euch:*
> *Alles, worum ihr betet und bittet,*
> *glaubt nur, dass ihr es schon erhalten habt,*
> *dann wird es euch zuteil..«*
> Markus 11,24

Wir dürfen uns erinnern, dass der Wunsch nicht der Schatten der Dinge ist, sondern eine Energie, die Energie der Dinge, die wir haben wollen, und der Beweis für die noch unsichtbaren Dinge. Denk an einen starken Herzenswunsch und fühle, dass er sich gerade in diesem Moment erfüllt. Atme tief ein, und während du ausatmest, spürst du die magnetische Kraft der Erde in den Beinen. Du richtest dich nach oben auf und pflückst dir das, was du willst, wie Wolken aus dem Himmel. Fühle die Freude, die Dankbarkeit, und empfange. Wechsle die Seite und wiederhole die Übung mit dem rechten Bein vorn und dem linken Bein hinten. Konzentriere dich wieder auf die tiefe Weisheit und Bedeutung des Zitats.

Wirkung: Das Dreieck dehnt die Beininnenseiten und öffnet die Hüfte. Die Flanken werden gedehnt, die Rumpfmuskulatur wird gekräftigt und die Wirbelsäule mobilisiert. Trikonasana aktiviert alle Chakras und hilft, die Energie im Körper mit der Seele in Verbindung und zum Fließen zu bringen. Die Haltung des Dreiecks hilft dir dabei, dich für die Unendlichkeit des Universums zu öffnen und Dinge, Situationen sowie Umstände in dein Leben zu ziehen. Im Dreieck willst du nach der Hand Gottes greifen und lernst, deine Wünsche magnetisch anzuziehen und zu manifestieren.

6. SNAP!-Yoga: Sei in deiner Größe

Der Baum (Vrikshasana) – Sakralchakra

Haltung: Du beginnst stehend in der Berghaltung (siehe Seite 155), beide Füße zeigen nach vorn. Die Arme lässt du locker am Körper. Stehe aufrecht und selbstsicher, fühle dich stark, geerdet wie ein Baum, dessen Wurzeln tief in die Erde wachsen. Deine Wirbelsäule ist gerade und das Brustbein leicht angehoben; du streckst dich noch weiter und länger nach oben zum Himmel aus. Bring Spannung in Beine und Bauch. Atme nun tief ein und zieh zunächst das rechte Knie mit den Händen zu dir heran.

Atme aus und führe das rechte Knie zur rechten Seite; stell den Fuß auf der Innenseite des linken Beins ab, dort, wo es für dich gut machbar ist, nur nicht ans Knie. Halte das Fußgelenk noch ein wenig fest, bis du einen ruhigen Stand auf dem linken Bein hast. Wenn es geht, kannst du den Fuß bis zum Schambein hochschieben und mit dem linken Bein mehr Druck gegen den Fuß erzeugen, sodass dein Stand noch stabiler wird. Löse nun den Griff und führe beide Hände in der Namaste-Geste vor der Brust zusammen, dann schiebe die Hände nach oben über den Kopf. Fokussiere einen festen und ruhigen Punkt vor dir, um mehr Stabilität in die Haltung zu bekommen. Der ganze Körper ist gestreckt, stark und angespannt. Dein Atem fließt ruhig, dein Gesicht ist entspannt. Wenn du sicher stehst, schließ die Augen. Mit zunehmender Übung wirst du deine starke Selbstsicherheit fühlen.

Geistige Übung: Sei wie ein Baum im Wind, eins mit der Umgebung, eins mit der Erde und dem Himmel. Konzentriere dich in dieser Übung auf Harmonie. Schwinge in Harmonie. Sei Harmonie in Wind und Sturm. Konzentriere dich so tief, so ernsthaft, dass du nichts außer Harmonie spürst. Wir lernen durch die Praxis, nicht vom Denken über die Praxis. Das Denken allein wird dich nirgendwohin bringen. Der Wert besteht allein in der praktischen Anwendung. Sei der Baum und fühle die Wurzeln in der Erde; deine Äste und Blätter bewegen sich mit dem Wind.

Wirkung: Vrikshasana ist eine Asana für das Gleichgewicht. Sie stärkt die körperliche und geistige Stabilität. Das Dritte Auge, der sechste Sinn (Stirnchakra), wird hier besonders aktiviert. Vrikshasana hilft, Gleichgewicht, Selbstsicherheit und Zielorientiertheit zu entwickeln. Du lernst, inmitten der starken Winde des Lebens stabil zu sein, dich mit dem Sturm zu biegen und eine positive Haltung zu bewahren.

7. SNAP!-Yoga: Das bewusste Anwenden von Wissen

Die Katze (Majariasana), die Kuh (Bitilasana) – alle Chakras ausgleichend

Haltung: Beginne im Vierfüßlerstand. Beim nächsten Einatmen ziehst du den Bauchnabel in Richtung Wirbelsäule nach innen und kippst das Becken nach vorn, sodass sich die Wirbelsäule zur Decke wölbt. Du machst dabei einen Katzenbuckel und ziehst das Kinn zum Brustbein.

Beim Ausatmen gehst du in die Ausgangsposition zurück und bewegst die Wirbelsäule mit eingezogenem Bauch nach unten in die Kuh (Bitilasana) in die Gegenbewegung. Beim Einatmen gehst du wieder in den Katzenbuckel, beim Ausatmen mit gestreckten Armen zurück in die Kuh.

Geistige Übung: Konzentriere dich in der geistigen Übung auf deine Einsicht. Du weißt, dass Gedanken schöpferische Kraft haben, doch das bedeutet noch lange nicht, dass du dieses Wissen und die Kunst des Denkens anwendest. Ist dir bewusst, dass Wissen sich nicht von selbst anwendet? Dass unsere Handlungen nicht durch das, was wir wissen, bestimmt werden, sondern durch unsere Gewohnheiten und vorangegangenen Erfahrungen? Dass die einzige Art und Weise, auf die wir uns dazu bringen können, Wissen anzuwenden, aus der bewussten Anstrengung besteht? Betrachte es als Tatsache, dass nicht praktiziertes Wissen das Bewusstsein schnell wieder verlässt, dass der Wert einer Information in ihrer Anwendung liegt. Versuche, einsichtig zu sein und in Lösungen zu denken, indem du dieses Prinzip auf eines deiner aktuellen Probleme anwendest:

> *Wissen wendet sich nicht von selbst an,*
> *du darfst es tun.*

Wirkung: Die Übung ist besonders gut für einen entspannten, gelockerten Rücken. Die Katze hilft dir, Neugier, Geschmeidigkeit und Grazie zu entwickeln. Die Kuh gibt dir Erdung und Gelassenheit, und ihre Qualität der Gutmütigkeit unterstützt das Anwenden deines Wissens.

8. SNAP!-Yoga: Konzentration auf das, was du willst

Sitzende Vorbeuge (Paschimottanasana) – Sakralchakra

Haltung: Setz dich auf den Boden und streck die Beine vor dir aus. Die großen Zehen und die Fersen befinden sich nah beieinander. Atme ein und führe die Arme nach oben über den Kopf.

Atme aus und beuge dich mit geradem Rücken über deine Beine. Idealerweise liegt der Bauch auf den Oberschenkeln auf und stützt so den unteren Rücken, aber gehe nur so weit, wie dein Rücken gerade bleiben kann. Lass die Arme sinken und greife entweder die Schienbeine oder, wenn möglich, die Füße. Mit der Einatmung schaffst du Länge, mit jeder Ausatmung sinkst du immer tiefer. Entspanne dich vollständig.

Geistige Übung: Lass in dieser geistigen Übung keine bewusste Anstrengung oder Aktivität zu, die mit einem Ziel oder Ergebnis in Verbindung steht. Vermeide jeden ängstlichen und zweifelhaften Gedanken über das Resultat. Denke daran, dass Kraft durch Ruhe kommt. Lass die Gedanken so stark werden, dass du dich komplett damit identifizierst. Wenn du Angst auflösen willst, konzentriere dich auf den Gegenpol, auf Mut. Wenn du Mangel beheben willst, konzentriere dich auf Fülle. Wenn du Krankheit besiegen willst, konzentriere dich auf Gesundheit. Konzentriere dich immer auf das, was du willst, und nicht auf das, was du nicht willst. Konzentriere dich darauf, als sei es bereits bestehende Tatsache. Das ist die Keimzelle, das Lebensprinzip, das alles in Bewegung setzt, die erforderliche Verbindung zur Verwirklichung.

Wirkung: Die Vorbeuge ist eine intensive Bauchübung, die Bauchorgane wie Nieren, Leber und Bauchspeicheldrüse anregt. Sie wirkt harmonisierend auf die Verdauung und regt die Abwehrkräfte an. Die Kniesehnen und -muskeln (hintere Oberschenkel- und Wadenmuskulatur) werden flexibel, die Wirbelsäule wird elastisch. Paschimottanasana ist eine der energetisch wirksamsten Asanas, besonders wenn man sie länger hält. Sie öffnet die feinstoffliche Wirbelsäule (Sushumna, auch Paschimottana Nadi genannt). Die Vorwärtsbeuge aktiviert alle Chakras in der Wirbelsäule und harmonisiert das Sonnengeflecht. Sie gilt als eine der Haltungen, die beim fortgeschrittenen Yogi die Kundalini erwecken kann. Mithilfe der Vorbeuge entwickelst du Geduld, Hingabe und die Fähigkeit loszulassen. Dein Bewusstsein strömt durch den Kanal in der Wirbelsäule und fließt von einem Energiezentrum zum nächsten.

9. SNAP!-Yoga: Die Wahrheit, die dich frei macht

Kopfstand (Sirsasana) – Kronenchakra

Haltung: Diesmal beginnen wir im Vierfüßlerstand. Bring die Unterarme auf den Boden. Beachte, dass sich die Ellenbogen genau unter den Schultergelenken befinden und dort bleiben. Verschränke nun die Finger ineinander und baue eine stabile Basis über die Unterarme auf.

Strecke nun die Beine und schiebe dein Gesäß nach oben. Der Rücken bleibt lang, die Beine sind aktiv gestreckt. Yogaanfänger können den Kopfstand zunächst in dieser Haltung belassen und sich darin üben.

Wenn du weitergehen willst, leg nun den Scheitel/die Krone des Kopfs auf. Beginne aus den Hüften, die Beine zu strecken, und laufe mit den Füßen näher an den Kopf heran. Wenn möglich, bringst du das Becken genau über den Kopf. Spanne jetzt den Bauch an und zieh möglichst beide Knie zum Oberkörper heran. Yogaanfänger können die Beine auch einzeln heranziehen. Hebe die gebeugten Beine an, bis sich die Oberschenkel parallel zum Boden befinden. Der Bauch arbeitet aktiv mit, um den Rücken zu schützen. Diese Phasen des Yogakopfstands benötigen viel Kraft aus dem Bauch heraus. Lass die Beine gebeugt und bring die Knie über die Hüften. Atme in dieser Haltung tief und gleichmäßig. Lass die Knie über den Hüften und beginne langsam, die Beine nach oben in den Yogakopfstand auszustrecken.

Variante: Bei Flexibilitätsproblemen in den Schultern kannst du auch eine Kopfstandvariation, den Tripod, wählen. Im Tripod brauchst du weniger Flexibilität in den Schultern, jedoch mehr Kraft in den Armen. Hier setzt du die Krone des Kopfes direkt auf den Boden auf und stützt dich mit den Händen vor dir am Boden ab. Es ist angenehmer, wenn du dir eine Decke unter den Kopf legst, oder die Yogamatte doppelt faltest, das reduziert den Druck auf den Scheitel. Beginne mit der Variante, die dir leichter fällt.

Geistige Übung: Zu dieser Yogahaltung gibt es folgende geistige Übung: Werde dir klar darüber, dass wir wirklich in einer wundervollen Welt leben. Sieh dich mit inneren Augen an und erkenne, was für ein wundervolles Wesen du bist. Sei dir bewusst, wie viele Menschen derzeit erwachen und das Göttliche erkennen, indem sie ihre Sichtweise verändern. Wir müssen alle den Fluss des Urteilens durchqueren, bevor wir das Wahre und Falsche unterscheiden können und dabei herausfinden, dass alles, was wir jemals gewollt oder geträumt haben, nur die matte Vorstellung einer umwerfenden Wirklichkeit war.

Wirkung: Das Gehirn, die Wirbelsäule und der Sympathikus werden gut mit Blut versorgt. Der Kopfstand hilft bei Krampfadern, Nierenkoliken und hartnäckiger Verstopfung. Sirsasana gilt als stark verjüngend: Die Durchblutung der Kopfhaut wird verbessert, und so werden das Grauwerden der Haare sowie Haarausfall verlangsamt. Im Gesicht bilden sich nicht so schnell Falten. Der Gleichgewichtssinn und die muskuläre Koordination werden gefördert. Die Deltamuskeln (Schulter- und Armmuskeln) werden gestärkt. Der Kopfstand aktiviert die Sonnen- und Mondenergien im Sonnengeflecht und in der Stirn. Sirsasana hilft, sexuelle Energie zu sublimieren und sie in Ojas, spirituelle Energie, zu verwandeln. Angesprochen werden Stirn- und Kronen- (Sahasrara-)Chakra. Die Gehirnfunktionen wie Gedächtnis, Konzentrationsvermögen, kreatives Denken und geistige Klarheit werden unterstützt und erhöht. Mithilfe des Kopfstands wirst du Mut, innere Ruhe, Selbstvertrauen, Konzentration und eine sehr starke Willenskraft entwickeln.

Jung ist, wer liebt

Man könnte meinen, der Mensch werde mit dem Alter weiser, doch dem ist leider nicht so. Das Altern ist keine Garantie für einen liebenden Seinszustand. Ich bin daher der Ansicht, dass wir nicht unvorbereitet in die zweite Hälfte unseres Lebens gehen sollten. Alte Gewohnheiten und Absichten dienen uns nicht mehr so gut wie früher, und das rattenscharfe Gerät da, in dem deine Seele wohnt, wird im Laufe der Zeit schlaffer und verliert an Substanz. Die Muskulatur baut ab. Der Stoffwechsel wird langsamer. Wir spüren das, und darauf sollten wir hören, darum sollten wir uns kümmern. Solange wir es nicht tun, wollen wir es nicht hören. Bis es dämmert im Gehölz! Und es folgt die gute und wichtige Erkenntnis, dass wir nicht tun, was wir wissen. Das ist ein unangenehmes Gefühl und erzeugt ein ebenso unangenehmes Gewissen. Angst vor dem Älterwerden – zum Davonlaufen! Und das tun die meisten von uns.

Viele Menschen haben lieber weiterhin Angst vor dem Altern und jammern sich, im wahrsten Sinne des Wortes, zu Tode. Das kann jahrzehntelang so weitergehen, bis zum bitteren Ende eben. Warum tun wir uns das an? Statt dankbar anzunehmen, dass der Alterungsprozess so viel Gutes zu bieten hat. Das Herz ist offener, der Geist ist wacher und die Seele ist viel lauter geworden. Die Seele weiß, dass die eigene Wahrheit gelebt werden muss, um frei, authentisch und glücklich zu sein. Warum nutzen wir unsere innere Weisheit dann nicht? Je mehr wir Menschen uns dem Guten anschließen, umso eher wird aus dem Trampelpfad eine breite Straße. Und umso mehr Menschen werden auf dieser Straße Vollgas geben, mit weniger Angst, Fehler zu machen. Fehlerfrei die Welt in Ordnung bringen kann niemand, das wäre eine Computeranimation und kein echtes Menschenleben. Fehler sind Erfahrungen mit einer hohen Intensität und dazu da, um daraus zu lernen. Wir lernen aus unseren intensiven Erfahrungen, unsere höchsten Werte zu stabilisieren und zu leben. Die Werte der Menschen sind so unterschiedlich wie ihr Fingerabdruck. Jeder lernt, sein ureigenes Wesen auf seine Weise zum Ausdruck zu bringen. Jeder anders, als es die anderen tun. Wie langweilig wäre die Welt, wären wir alle gleich. Das ist die Vielfalt der Liebe. Danke für die Vielfalt!

Krieg und Frieden

Du warmes Herz, lass mich bitte etwas klarstellen: Ich finde, dass wir alle manchmal viel zu fanatisch und engstirnig an unser Ideal gebunden sind. Klagen wir aber andere Menschen für ihre Andersartigkeit an und beschimpfen, beschuldigen, bekämpfen oder verurteilen sie, bringen wir noch mehr Leid auf den Planeten. Im Licht der Liebe ist dieses Handeln nicht besser und nicht weiter als das der anderen, und die Energiefrequenz befindet sich auf demselben Niveau.

Wenn wir Menschen uns in einem Krieg befinden, kämpfen wir immer auch gegen eine Energiefrequenz, in der ein Problem entstanden ist. Auf derselben Frequenz versuchen wir das Problem nun zu lösen. Das ist erschütternd hoffnungslos! Schauen wir noch genauer hin: Im Grunde kämpfen wir gegen uns selbst, wenn wir mit Gewalt für eine friedliche Lösung kämpfen. In Wahrheit haben wir nicht die Liebe gewählt und deswegen kämpfen wir. Befände sich eine Seite auf einem höheren Niveau als die andere, würde es mehr Lösungen und weniger Kampf geben. Hinter jedem Krieg steht die Angst als unbewusste Absicht. Erinnere dich: Du kannst die ganze Wahrheit nicht sehen, wenn du nicht wach, sondern ärgerlich, ängstlich, traurig, neidisch oder verzweifelt bist.

> *»Ich kann mir nur Frieden wünschen,*
> *wenn ich mit etwas im Krieg bin.«*
> Stefan Hiene

Durch das Training mit SNAP! lernen wir, in energieraubenden Situationen zur Quelle unserer Kraft zu kommen, uns selbst und anderen Menschen zunehmend mit Mitgefühl und Respekt zu begegnen, bei dem, was sie denken, sagen und tun. Wir lernen, positiv mit anderen Sichtweisen umzugehen, weil aus ihrer Sicht Menschen mit ihrer Lebenserfahrung immer alle Argumente und Gründe auf ihrer Seite haben. Wir dürfen die Gefühle unserer Mitmenschen aus deren Perspektive und deren Seinszustand betrachten, um anzunehmen, wie sie zu den Dingen stehen. Das alles, ohne sie abzuwerten und uns selbst aufzuwerten, weil wir uns von der Andersartigkeit bedroht fühlen könnten und das, was sie denken, fühlen oder tun, absolut keinen Sinn für uns ergibt.

Es ist wirklich wichtig für alle von uns, dass wir das scheinbar Sinnlose, die Andersartigkeit der Menschen also, stets als Herausforderung für unsere Liebesfähigkeit sehen und immer wieder die Aufmerksamkeit auf das Unbewusste in uns richten. Wenn wir unserer eigenen Meinung mehr Bedeutung zugestehen, als wir der Liebe an Bedeutung zugestehen, dann sehen wir, was passiert: Die Welt ist durch den Mangel an Liebe dabei, sich zu demontieren. Wer sich auf seine innere Weisheit einlässt, erkennt, dass sich alles im Leben hauptsächlich darum dreht, die eigene Angst vor der Liebe zu besiegen und sie in dem, was wir tun, spürbar machen.

Wenn du etwas folgen solltest, dann immer deiner Lebensfreude, Schwester, denn sie hält dich wach und lebendig und zeigt dir deinen Weg. Sie wird deine Grenzen sprengen und jede Tendenz zur Selbstbezogenheit in ein tieferes Verständnis wandeln. Deine stärkste Gabe besteht darin, deinen Geist zu öffnen und Neues zu lernen. Steh nicht starr und still, sondern voll hinter dir, und kultiviere deine höchste Energie. SNAP! ist ein Training, das deine Welt verändern wird, denn du wirst dein Sein als gut und wirksam erkennen, weil du es bist, die das Gute in die Welt bringen kann.

Ich wünsche dir mit diesem Buch, dass du beginnst, dich zu lieben, und aufhörst, dich für das, was du oder andere für deine Schwächen halten, zu schämen. Vielen Menschen ist eine Frau, die sich mit all ihren »Mängeln« akzeptiert, unheimlich, denn die Kraft der Selbstliebe, die sie ausstrahlt, macht ihnen Angst, weil sie dadurch ihren eigenen Mangel an Liebe spüren. Doch Angst soll nicht die Energie sein, die du wählst, um andere nicht zu verunsichern. Habe den Mut, deine Seele zu zeigen. Lass sie dein Vorbild sein, denn es geht nicht um deinen Körper, deine Klamotten, deinen Job, dein Geld, dein Ansehen, den Ort, an dem du lebst, oder die Menschen, die du kennst. Dir wird bewusst, dass man mit Herz und Seele leben und lieben kann, und du fängst bei dir damit an.

Du kannst all das sein, was dir in der Vergangenheit gefehlt hat. Also, habe keinen Zweifel daran, glaube an diese große Kraft in dir und nicht nur an das, was du sehen und verstehen kannst. Bleibe wild und heilig in deinem Herzen und deinem Ego gegenüber stets rebellisch!

Sei die Frau, die aus ihrer Seele lebt, voller Mitgefühl und Geduld für jeden, der anders denkt, fühlt, handelt und lebt als sie selbst. Du brauchst keine Vollkommenheit, um dich oder andere zu lieben. Du brauchst nur Verbindung mit deiner Seele. Ja! Verliebe dich Herz über Kopf in dich und strahle deine Liebe in die Welt. Inspiriere, verbessere und segne uns mit deinen wertvollen Fähigkeiten. Entdecke deine ungelebten Aspekte und beginne zu sein, wer du bist. Mögest du dem, was das Leben dir bringt, stets mit Liebe begegnen und dir selbst und anderen ein strahlendes Licht sein, selbst wenn du noch so dunkle Gedanken und Gefühle hast. Du bist es, die sich Tag für Tag mit der höchsten Energie erhellen und segnen kann. Liebe die Dunkelheit k. o.!

Happy SNAP!py Day!

Jedes Wesen ist mit einer unsterblichen Macht geboren,
nicht eines, auch nicht das kleinste,
geht jemals verloren.
Jedes Ding, ob im Nahen oder Fernen,
ist mit jedem und allem vernetzt
und verwoben, um zu lernen.
Das ist ein ungeschriebenes Gesetz.
Keines kann sich dem widersetzen,
solange sie einander verletzen.
An einen Körper gebunden,
in universellen Netzen,
zu heilen alle Wunden.
Wir sind geboren, um zu lieben,
und dies ist mit deiner Seele
ins Universum geschrieben.

Rebella

VERZEICHNIS DER ÜBUNGEN

IMPRESSUM

Projektleitung: Inga Heckmann

Lektorat: Ulrike Kretschmer

Layout: Peilstöcker Design, Krailling bei München

Satz: Knipping Werbung GmbH, Berg am Starnberger See

Bildredaktion: Bele Engels

Illustrationen: Danielle Bloch, the labHAUS

Umschlaggestaltung und Cover: geviert.com, Nastassja Abel

Umschlaggabbildungen: © Bodo Rickassel Photography

Illustrationen Innenklappe: Danielle Bloch, the labHAUS

Druck und Bindung: Alcione, Lavis
Printed in Italy

ISBN: 978-3-424-15387-3

MIX
Papier aus verantwortungsvollen Quellen
FSC® C021956
FSC www.fsc.org

Penguin Random House Verlagsgruppe FSC® N001967

Bildnachweis

Bildredaktion und Leitung der Fotoproduktion: Bele Engels

Fotografie: Bodo Rickassel

Assistenz: Quentin Strohmeier

Model: Rebella Bex

Haare/Make-up: Christina Kristandt

Für die freundliche Unterstützung der Fotoproduktion danken wir www.kamahyoga.com